A FORÇA DA ORAÇÃO

Dados Internacionais de Catalogação na Publicação (CIP)
(Câmara Brasileira do Livro, SP, Brasil)

A força da oração / Anselm Grün, Sebastian
 Painadath, Gerondissa Diodora, edição e
 organização) ; tradução de Luiz de Lucca. –
 Petrópolis, RJ : Vozes, 2017.
 Título original : Die Kraft des Gebets
 Vários autores
 Bibliografia
 ISBN 978-85-326-5545-5

 1. Contemplação 2. Espiritualidade 3. Meditação
4. Mística 5. Oração I. Grün, Anselm. II. Painadath,
Sebastian. III. Diodora, Gerondissa.

17-06336 CDD-204.3

Índices para catálogo sistemático:
1. Oração : Vida espiritual 204.3

ANSELM GRÜN
SEBASTIAN PAINADATH
GERONDISSA DIODORA
(ed. e org.)

A FORÇA DA ORAÇÃO

Tradução de Luiz de Lucca

EDITORA VOZES

Petrópolis

© 2013, by Vier Türme GmbH-Verlag, Münsterschwarzach

Título do original em alemão: *Die Kraft des Gebets*, editado por Sebastian Painadath/Gerondissa Diodora/Anselm Grün

Direitos de publicação em língua portuguesa – Brasil:
2017, Editora Vozes Ltda.
Rua Frei Luís, 100
25689-900 Petrópolis, RJ
www.vozes.com.br
Brasil

Todos os direitos reservados. Nenhuma parte desta obra poderá ser reproduzida ou transmitida por qualquer forma e/ou quaisquer meios (eletrônico ou mecânico, incluindo fotocópia e gravação) ou arquivada em qualquer sistema ou banco de dados sem permissão escrita da editora.

CONSELHO EDITORIAL

Diretor
Gilberto Gonçalves Garcia

Editores
Aline dos Santos Carneiro
Edrian Josué Pasini
Marilac Loraine Oleniki
Welder Lancieri Marchini

Conselheiros
Francisco Morás
Ludovico Garmus
Teobaldo Heidemann
Volney J. Berkenbrock

Secretário executivo
João Batista Kreuch

Editoração: Leonardo A.R.T. dos Santos
Diagramação: Sheilandre Desenv. Gráfico
Revisão gráfica: Nilton Braz da Rocha/Nivaldo S. Menezes
Capa: Idée Arte e Comunicação
Ilustração de capa: © Elovich | Shutterstock

ISBN 978-85-326-5545-5 (Brasil)
ISBN 978-3-89680-848-6 (Alemanha)

Editado conforme o novo acordo ortográfico.

Este livro foi composto e impresso pela Editora Vozes Ltda.

A oração tem um grande poder

*A oração tem um grande poder,
que orienta o homem
com sua grande força.*

*Torna doce um coração amargo,
alegra um coração triste,
torna sábio um coração tolo,
dá coragem ao coração timorato,
fortalece o coração fraco,
dá visão ao coração cego,
faz arder uma alma fria.*

*Dá entrada ao Deus enorme
num coração pequeno*

*leva a alma faminta
ao Deus da plenitude.*

Matilde de Magdeburgo

Sumário

Introdução, 9
Rainer Fincke, Ulla Peffermann-Fincke

O que é oração?, 15
Oração – meditação – contemplação: O que ocorre durante a oração?, 17
Sebastian Painadath, SJ

Oração – Libertamo-nos de nós mesmos e deixamos Deus entrar, 29
Abadessa Diadora

A oração nas tradições ocidentais, 41
O corpo como instrumento do espírito, 43
Fidelis Ruppert, OSB

A constante prece de Jesus como caminho místico, 54
Prof. Sabine Bobert

A oração nas tradições orientais, 69

A oração mística nas religiões orientais, 71
SEBASTIAN PAINADATH, SJ

A mística no cristianismo ortodoxo, 92
ABADESSA DIADORA

A oração no século XXI – Chances e perspectivas, 105

O poder de transformação da oração falada, 107
FIDELIS RUPPERT, OSB

Como a oração pode transformar o mundo?, 124
PROF. SABINE BOBERT

O poder curador da prece, 142
ANSELM GRÜN, OSB

Novas perspectivas para a oração, 165
SEBASTIAN PAINADATH, SJ

Conclusão, 171
SEBASTIAN PAINADATH, SJ

Apêndice, 173
OS AUTORES

Agradecimentos, 175

Introdução

Qual é o papel da oração nas sociedades atuais? Uma pesquisa do *Apothekenrundschau*, realizada em 2009 na Alemanha, revelou que, entre os entrevistados, 47% dos homens e 30% das mulheres sentiam dificuldade de rezar. Segundo o *Shell-Jugendstudie*, no ano 2010, 30% dos jovens nunca rezavam, ao passo que 18% o faziam regularmente. Os outros tinham suas respectivas formas particulares de conversar com Deus.

Então a oração não desapareceu da vida diária, mas adquiriu uma peculiaridade quase unânime: transformou-se – pelo menos entre países da Europa Central – numa coisa particular, algo que cada um faz sozinho. Alguém fala abertamente a respeito disso? Alguém conversa sobre oração, ou reza em conjunto, com seu vizinho, colega de trabalho ou amigo?

No entanto, dizem os religiosos que as pessoas têm um desejo intenso de experiência espiritual; os cursos de meditação e contemplação em mosteiros e casas de retiro são muito procurados; as religiões orientais exercem um fascínio cada vez maior, mesmo tão diferentes; e a literatura atual possui um vasto material sobre oração.

É evidente que, mesmo no século XXI, a oração é uma poderosa fonte de força que pode atuar em nossa vida. Talvez por ser também um meio de comunicação espiritual que nos liga de um modo especial a outras pessoas e a Deus.

Quem se aprofunda no assunto percebe logo como o conceito de oração é complexo. O que dificulta o pleno entendimento do tema? Abordamos essa questão no segundo Simpósio de Pentecostes, em maio de 2013, na Abadia de Münsterschwarzach. O título do debate – "A experiência do poder da oração" – torna evidente que a oração tem um aspecto prático. É preciso incluir experiências sentidas fisicamente. É preciso perguntar: "O que me estimula, o que pode ativar a minha 'antena espiritual' que não funciona?" Como encontrar uma resposta satisfatória para esta pergunta? Temos certeza de que podemos aprender uns com os outros, que os contatos são necessários ao nosso desenvolvimento, e que não basta aprender, mas também transmitir algo de útil que vivenciamos, também precisamos ensinar.

O franciscano Richard Rohr certa vez formulou: "Como alguém se torna um cristo (i. é, um espiritualizado)?" Resposta: "*Encontrando* um verdadeiro cristo (um espiritualizado)!"

Münsterschwarzach é um excelente ponto de encontro. Um simpósio como aquele nos dá a oportunidade de conhecer novas ideias, ou mesmo reforçar pontos de vista já assumidos.

Mas Münsterschwarzach também é um lugar de silêncio e recolhimento, no qual muita gente encontra a paz, um lugar onde a troca de ideias é tão possível quanto o silêncio, onde podemos escutar o que vem de dentro e de fora.

O que vivenciamos na prece requer tanto reflexão quanto discussão, pois movimenta uma energia intensa, da qual podemos abusar sem querer. Naqueles dias do simpósio, cerca de 120 pessoas refletiram juntas sobre o significado da oração e sobre as experiências que, através dela, se pode ter de um modo totalmente distinto. Vieram à tona perguntas sobre como estabelecer um relacionamento com Deus, sobre o que é a oração, sobre quem é Deus e quem sou eu.

Com perguntas de gente de tão variadas tradições – havia representantes da Igreja Ortodoxa Grega; o Padre Painadath formulou as perguntas sob o ponto de vista asiático –, temos que refletir para responder, lidamos com diversas formas de percepção, que nos desafiam a entender melhor nossas próprias posições – e isso é muito bom!

Então, como devo ou posso rezar? Devo fazer como os salmistas, literalmente entregando a Deus meus anseios, necessidades e preocupações, literalmente lamentando meu infortúnio e suplicando sua ajuda? Ou basta repetir constantemente as palavras "Jesus Cristo"? Ou será que o melhor é meditar em silêncio absoluto?

Chegamos à seguinte conclusão: depende. Há ocasiões em que é bom rasgar o verbo com Deus. Há momentos em que poucas palavras, mantras, equilibram e acalmam o espírito. E há também aqueles momentos em que a simples respiração já é uma prece.

De qualquer modo, a dúvida subsiste – "Quem reza *de verdade?*" Um devotado filho de Deus, alguém de valor incalculável, ou uma pessoa comum, que sempre quer acertar, mas muitas vezes comete falhas? Durante o nosso encontro, alguns falaram de suas vidas, que às vezes seguiram rumos incertos, levando-os a becos sem saída e obrigando-os a começar tudo de novo. Mas a oração sempre foi para eles um apoio e uma fonte de força, capaz de ir buscar as pessoas lá no fundo do maior abismo e trazê-los de volta à tona. E, por esse caminho da vida, sempre com suas pedras, grandes ou pequenas, eles se tornaram as pessoas amadurecidas que são hoje.

Então como podemos, cada um de nós, crescer e amadurecer? Intensificando, liberando progressivamente o nosso modo de encontrar Deus. Assim o próprio Deus nos encontra e nos transforma. O cristianismo tem um representante específico desse poder de transformação e fortalecimento: o Espírito Santo. Particularmente naquele Simpósio de Pentecostes, Ele mostrou que o Espírito de Deus entra onde quer.

Como podemos imaginar esse Espírito Santo? Naqueles dias do encontro, sentíamos como que um vento a soprar. Que maravilha é sentir aquele vento num passeio de bicicleta ou numa corrida! Podemos sentir o Espírito Santo como algo assim, um "vento" que mostra quando estamos num rumo incerto e indica o correto, dando-nos o estímulo de que precisamos. A primeira estrofe de uma antiga bênção irlandesa resume bem esta ideia:

> *Que o caminho seja brando a teus pés,*
> *o vento sopre leve em teus ombros.*
> *Que o sol brilhe cálido sobre tua face,*
> *as chuvas caiam serenas em teus campos.*
> *E, até que eu de novo te veja,*
> *Deus te guarde na palma de sua mão.*

Neste livro, pretendo relatar as principais constatações do simpósio, mas também mostrar que podem ser vivenciadas. O contato com tradições proféticas e místicas do cristianismo nos faz perceber a riqueza e os fundamentos da tradição cristã. Partindo daí, podemos contatar outras religiões com uma curiosidade amistosa.

O QUE É ORAÇÃO?

Sebastian Painadath, SJ

Oração – meditação – contemplação
O que ocorre durante a oração?

Gosto de interpretar estes três conceitos – oração, meditação e contemplação – como um processo de transformação. Nestes termos, trata-se de uma transformação operada pelo Espírito de Deus que habita em nós, um aprofundamento da consciência. Através da oração podemos "acordar" para esta presença divina. Sob este ponto de vista, a oração é um sistema ou processo que funciona quando estamos em estado receptivo. Na verdade, não sabemos *qual é a maneira correta de rezar*. O que podemos fazer é deixar à vontade o Espírito que reza *em nós* e *através de nós*, que *não se manifesta em palavras*, mas nos *suspiros do Espírito* dentro de nós. O Deus ao qual rezamos é o Deus que reza em nós (cf. Rm 8,26-27). Deus é mais o ser interno *no qual* rezamos que o externo *ao qual* rezamos. Portanto, durante a oração acontece uma transição das palavras para o silêncio, da expressão para a audição, do pensamento para a intuição, do intelecto para a sensação, da relação *eu e você* para a experiência da unidade.

Para entender melhor como é isso, observemos um pouco o ambiente ao nosso redor. Assim fazendo, temos acesso a três planos da percepção: o mental, o psíquico e o intuitivo.

O plano mental

O plano mental é a área superficial da consciência, que vivenciamos da manhã à noite, quando as impressões dadas pelas percepções racionais do plano externo e recordações do interno são processadas e interpretadas pela *mens*. A *mens* (mente) – *manah* em sânscrito – inclui as capacidades de entendimento, vontade e decisão, bem como pensamentos, sentimentos, fantasias, imaginações, opiniões e recordações. Portanto, na área mental só se pode perceber coisas objetivas, ou seja, coisas que podem ser descritas, o que pressupõe uma inevitável relação *eu e você* ou *eu e aquilo*. O contato com o *você*, a associação com o *aquilo*, desenvolve em nós um autoconhecimento. Através do *você*, nos tornamos um verdadeiro *eu*. Todos nós precisamos de autoconhecimento.

Isso também vale para a nossa relação com o Divino. Ele é um mistério insondável, um elemento onipresente, o Espírito que muda tudo. Mas o plano mental observa e contata o Divino como um *você*, personaliza o impessoal, dá um nome ao que não tem nome, dá uma forma ao que não a tem. Por sua natureza pessoal, o ser humano precisa de uma relação com um Deus pessoal e concebível, o ser humano é um *eu* que precisa sentir-se amado e acolhido por um *você* divino. A autoentrega a esse Deus desenvolve o autoconhecimento de cada um. O transitório confia no eterno, sente-se acolhido na vibração universal do amor divino.

Nesse sentido, a oração funciona como um sincero relacionamento tipo *eu e você* com Deus, no qual a entrega, a confiança e a fé ficam nítidas. As palavras são o principal recurso nesta prática, mas há também os gestos. A fala acompanhada dos gestos é uma forma básica da manifestação pessoal humana. As palavras formulam a entrega do *eu* ao *você*, portanto é a fala que assume a "chefia" na oração. A oração pode ser uma súplica, um agradecimento, um louvor, um pedido de intervenção, uma forma de adoração ou comunhão, enfim, as motivações variam e podem ser formuladas em cânticos, ritos e rituais. Os pensamentos abastecem a oração com o "combustível" do sentimento. O ser humano completo, a unidade do corpo com a alma, se manifesta na oração. Como uma forma de nos dirigirmos a Deus, a prece nos liberta do isolamento existencial e do medo, liga-nos profundamente uns aos outros e a todo o cosmo. A oração é uma prática fundamental da condição humana. Há uma prece de Rabindranath Tagore (1861-1941) que torna isso bem claro:

> *Dias a fio, ó Senhor da minha vida, estarei diante de ti face a face.*
>
> *De mãos postas, ó Senhor de todos os mundos, estarei diante de ti face a face.*
>
> *Sob o teu imenso firmamento, na solidão e no silêncio e de coração humilde, estarei diante de ti face a face.*
>
> *Neste mundo laborioso que é teu, turbulento de lidas e lutas, entre atropeladas multidões, estarei diante de ti face a face.*
>
> *E quando a minha missão findar neste mundo, ó Rei dos reis, sozinho e mudo, estarei diante de ti face a face.*
>
> Tagore, 89.

Mas o processo continua, pois a consciência tem áreas mais profundas. O Divino é mais que uma forma pessoal e inteligível. *Deus semper major* – Ele é sempre maior. Portanto, chega um momento em que nossa relação com Deus deve passar do *eu e você* para algo menos concreto.

O plano psíquico

Sabemos que nossa ligação com outras pessoas e a forma como lidamos com as coisas, no plano mental e consciente, são carregadas de fatores psíquicos inconscientes, que emanam tanto do inconsciente individual quanto do coletivo. No processo da oração, eles "entram na conversa", às vezes para ajudar, às vezes para atrapalhar. Podem atrapalhar na forma de emoções e sentimentos que não dominamos, antipatias, medos e ímpetos agressivos, coisas que dispersam a mente, perturbando a oração. A tradição oriental do ioga menciona o controle dos movimentos internos (*chittavrttinirōdha*); na tradição cristã fala-se da purificação interior (*via purgativa*).

É o que ocorre na meditação. A palavra latina *meditare* significa "absorver-se no *medium*" (meio ou centro). Portanto, a meditação é a via interior de acesso ao *centro* divino. É aí que a consciência mental dá lugar a percepções mais profundas, percepções intuitivas. Todas as potências internas concentram-se na presença divina, que se torna absoluta – um fato inerente à meditação. É uma fase difícil do aprofundamento, o plano mental é carregado de pensamentos e sentimentos, o psíquico é como uma mata virgem, onde o perigo está sempre à espreita. É por isso que, em ambos os planos, a via da meditação costuma ser perturbada por forças negativas. Nessa fase – assim ensinam os mestres orientais e ocidentais – a atitude básica é a confiança. Quem medita confia incondicionalmente no Mestre Divino interior. Assim é a oração de Tukaram, místico hindu do século XVII:

> *Tu me conduzes pela mão por toda parte, meu companheiro divino,*
> *eu me apoio em ti e Tu sustentas minha carga.*
> *Mesmo quando me desespero e digo palavras ásperas,*
> *Tu me acalmas em minha estupidez e me livras da vergonha.*
> *Assim enches minha alma com nova esperança e me abres um mundo novo.*
> *Agora vejo todos os seres humanos como amigos*
> *e todos a quem encontro como irmãos.*
> Painadath, 36.

Em seguida, o mestre recomenda uma série de recursos para atingir a meditação profunda:

✦ sentar-se ereto, firme e relaxado, sentindo o contato da terra, inspirar e expirar atentamente, percebendo o fluxo da respiração, aquietando, assim, todo o corpo;

✦ murmurar mantras, sobretudo o mantra dos mantras *"om"* (*"aum"*), para entrar em sintonia com o universo;

- mentalizar uma cena antiga ou atual da manifestação do poder divino e captar seu significado interior;
- mentalizar uma imagem arquetípica – como, por exemplo, a árvore, a fonte ou a luz – e identificar-se com ela;
- repetir mentalmente uma palavra da Sagrada Escritura, deixando-se absorver em sua vibração.
- murmurar com reverência um nome divino (p. ex., Jesus) – que é sagrado à luz da fé e despertar para a sagrada onipresença de Deus.
- repetir, a cada respiração, uma fórmula mística – por exemplo, "Eu sou o caminho" ou "*So-aham*" ("Eu sou Ele") – no ritmo da respiração e deixando-se envolver pela luz da graça.
- o mais importante: colocar-se numa atitude receptiva, pois só com a prática disciplinada se consegue abrir o ser interior para a entrada da graça.

O plano intuitivo

Aos poucos, partindo da percepção mental, passamos pela psíquica e chegamos ao plano intuitivo. É onde se ativa o órgão espiritual da visão interior. O cristianismo antigo dava-lhe o nome de *nous*. Mais tarde, esse fenômeno místico foi chamado *apex mentis, scintilla animae,* luz do coração (Orígenes), *centelha da alma* (Mestre Eckhart), *oculus fidei* (Agostinho) ou *terceiro olho* (Ricardo de São Vítor). No oriente, dá-se o nome de *buddhi*. É uma capacidade humana de percepção, que, no entanto, só pode ser ativada pela graça. Assim diz o *Bhagavad Gita*:

> Mas não me podes ver com teus olhos atuais.
> Por isso, Eu te dou olhos divinos. Observa
> minha opulência mística!
> Bhagavad Gita, 11,8.

O objetivo de toda prática meditativa, apoiada em disciplina e ascese, é a purificação e a plena iluminação do ser interno.

Quando se acende a luz do *nous* ou *buddhi*, olhamos para dentro de nós mesmos. É a fase da contemplação. A palavra grega *theorea* – olhar interno – costuma ser traduzida como *contemplatio*, ou seja, ver com o *templum*, com os olhos do conhecimento. Num instante abençoado, olhamos para dentro, vemos o âmago sagrado do ser. O símbolo universal desse âmago é o coração. Todas as escrituras sagradas de todas as religiões do mundo referem-se ao coração como o centro sagrado da pessoa. Há outras imagens semelhantes, tais como *castelo interior* (Teresa d'Ávila), *topo do coração* (*Bhagavad Gita*), *esfera divina* (*Upanishads*) e *jardim da alma* (expressão sufi). Essas imagens que indicam um determinado *lugar* são formas de nos referirmos a um profundo estado de consciência, uma percepção mística. Jesus assim sugere:

> *Quando rezares, entra no teu quarto, fecha a porta e reza ao teu Pai que está no oculto.*
> Mt 6,19.

> *Perceptível e ao mesmo tempo oculto*
> *desperta no nível do coração,*
> *chamado "o lugar supremo".*
> *Ele é o Ser e o não ser,*
> *acima de todos os seres,*
> *além de todo entendimento.*
> Mundaka Upanishad, 2.2.1, Bäumer, 93.

> *O coração é o ponto central de todos os seres.*
> *Todos os seres são enraizados no coração.*
> *O coração é, portanto, o Brahman supremo (o Divino).*
> *Quem assim o entende e nele medita*
> *abrange todos os seres.*
> *Torna-se, ele próprio, um deus.*
> Brihadarayaka Upanishad, 4.1.7, Bäumer, 93.

A percepção contemplativa acontece na unidade, a dualidade do plano mental já ficou para trás, não há mais *sujeito e objeto*, não há mais *eu e você*. Agora o Divino é vivenciado de forma totalmente subjetiva, como um algo que se funde a nós, sentimos uma fusão absoluta com Ele. A luz divina penetra a alma, transformando-a num raio luminoso. Não há imagens nem símbolos, nem nomes, nem formas. E não há mais oração, porque o Deus *ao quem* rezamos passa a ser o Deus que reza *em* nós, a oração dá lugar ao espírito, percebemos a expressão muda do espírito; assim acontece a "oração genuína".

É o *acionamento* do *motor* original do ser. O Divino não tem nada de estático, pelo contrário, é infinitamente dinâmico, o *Imutável* vive em constante *mutação*. A presença divina em nós não é uma presença quieta e autocentrada, e sim uma presença manifesta e ativa, uma fonte que jorra dentro de nós. Esse dinamismo é representado em símbolos religiosos: Deus é o *Espírito* que sopra onde quer; Deus são *três* fundidos num só (*perichoresis*); Deus é *Brahman*, a transcendência do ser; Deus é *Allah*, aquele que é sempre maior; o Absoluto é *Sunya*, o que tudo abrange. A consciência humana funde-se à divina e desperta para uma consciência una. Talvez Jesus tenha se referido a isso, quando disse:

Eu neles e tu em mim, para que sejam perfeitos na unidade.
Jo 17,23.

Essa *unio mystica* é a fase final e abençoada do processo da oração:

Sereis cheios de toda a plenitude de Deus.
Ef 3,19.

Oração – meditação – contemplação: eis as três fases do aprofundamento. Os *Upanishads* referem-se a esse processo de um modo mais ou menos correspondente ao conceito das três fases. Eles falam de três momentos da consciência: *Jāgrit* (consciência no plano físico), *Swapna* (consciência nos sonhos) e *Sushupti* (paz profunda); e acrescenta-se um quarto momento: *Tureeya* (experiência transcendental). Outra designação é o "plano da consciência": *annamaya* (corpo físico), *prānamaya* (corpo astral), *manōmaya* (o plano mental), *vijmnānamaya* (percepção intuitiva) e *anandamaya* (experiência de unidade).

E três fases do processo da oração: *sravana* (ouvir a voz interior), *manana* (refletir) e *nididhysana* (meditar). A terminologia pode variar entre religiões e culturas, mas o sentido sempre acaba convergindo num significado universal. A oração autêntica é sempre inspirada pelo Espírito Divino, seja quem for e esteja onde esteja quem a pratica.

Referências

BÄUMER, B. *Upanishaden* – Die Heiligen Schriften Indiens meditieren. Munique, 1997.

KÄMPCHEN, M. *Ignatius Puthiadam: Endloss ist die Zeit in deinen Händen* – Mit den Hindus beten. Kavelaer, 1978.

TAGORE, R. *Gitanjali*. Friburgo, 1958.

PAINADATH, S. *Wir alle sind Pilger* – Gebete der Welt. Munique, 2010.

ABADESSA DIADORA

Oração
Libertamo-nos de nós mesmos e deixamos Deus entrar

Segundo São João Crisóstomo, a oração é, basicamente, o grito, o clamor que a nossa alma dirige a Deus. Esse clamor não é, necessariamente, expresso pela voz, pois vem do coração, do espírito, dos olhos da alma.

Conforme ocorreu com Moisés, que orou sem mover os lábios e ouviu Deus dizer: "Por que clamas a mim por socorro?" (Ex 14,15)[1], Deus escuta a voz interior da nossa alma, que nós mesmos geralmente não ouvimos. A prece genuína não se destina aos ouvidos do mundo, mas aos de Deus, ela dirige a Deus o nosso anseio por Ele. Com o espírito conscientemente voltado a Deus, podemos falar com Ele, não importando se estamos em nossa cela no mosteiro, no meio da noite, em sossego total e perto do Senhor, ou numa estação ferroviária, em pleno dia, em meio à multidão e ao movimento. O que importa aí é a determinação do espírito, no sentido de voltar-se a Deus, falar com Ele, clamar por Ele, como uma alma atormentada, ansiosa por livrar-se do fardo das ocupações mundanas, elevando-se para a glória da presença divina. Podemos estar fisicamente no mercado, cercados por todo tipo de atividade material, e espiritualmente ver com os olhos da alma – isto é, com o espírito (νοῦς) em profunda prece, clamando constantemente por seu nome: "Senhor Jesus Cristo, tem piedade de mim", sem prestar atenção ao ambiente que nos cerca[2].

Assim sendo, o monge não fica em estado de oração só quando está na solidão da sua cela, nos horários regulares de prece ou durante a missa, em meio ao ambiente monástico, mas também durante suas diversas atividades e tarefas de todo tipo. Portanto, é possível orar mesmo enquanto se trabalha, seja com animais, no campo ou em *workshops*, desde que nos concentremos constantemente no nome de Jesus e clamemos por Ele, de modo que seu nome tome forma no interior da nossa alma, transformando nosso coração numa igreja (ναος) de Deus, onde o Cristo é constantemente glorificado e louvado.

Para os cristãos ortodoxos, a oração comunitária é tão importante quanto a individual, pois cada uma tem seu propósito. Uma coisa é a gente se dirigir sozinho a Deus, outra é um grupo – como a comunidade de um mosteiro – dirigir-se a Deus como se fosse uma só alma. Segundo São João Crisóstomo, tanto a sintonia individual quanto a comunitária, têm, para Deus, um grande valor[3]. Se a oração individual tem poder, imagine o poder e o efeito da comunitária!

Os textos proferidos nos ofícios religiosos, onde todos rezam juntos, são os mesmos textos de séculos atrás. Existem as orações específicas para cada dia do ano, para os dias da semana, bem como as que variam de acordo com hora canônica – a oração da meia-noite, as matinas, as horas menores, as vésperas e as completas –, mas também há aquelas são as mesmas o ano inteiro, seja qual for a hora, o dia da semana ou do ano, assim é há séculos.

Há quem pergunte: "Não é meio chato ou monótono repetir sempre as mesmas orações? E a gente não pode acabar só lendo mecanicamente, sem rezar de verdade, do fundo da alma?"

Muito pelo contrário, através das orações diárias, entra ano e sai ano, absorvemos cada vez mais o que lemos, nos identificamos com os textos que lemos e proferimos, sentimos cada vez mais o sentido dos textos. Identificamo-nos, por exemplo, com os salmos de Davi, os textos realmente nos dão acesso às mais ocultas profundidades de nossa alma. Lendo e relendo as orações constantemente, descobrimos nelas novos conteúdos e significados, amadurecemos progressivamente nos espíritos do Pai, dos santos e dos profetas.

Além da oração comunitária, os monges têm um preceito (κανῶν, cânone) da oração individual, feita na cela. São momentos em que eles se colocam diante de Deus e expõem-se a Ele.

Gerondas Aimilianos, antigo abade do Mosteiro de Simonopetra, no Monte Atos, nos dá uma definição da oração[4]: Nela, colocamo-nos perante Deus com todo nosso ser e espírito (νοῦς). A parte física pode entrar no processo, mas quem toma a frente é o espírito, que precisa pôr-se diante de Deus, pois é o espírito que nos dá vida. Basta se aquietar e concentrar-se em si mesmo, sem pensamentos aleatórios e sem rezar. Basta isso. O resto é com Deus e os santos[5].

Assim continua a explicação de Gerondas: De acordo com a personalidade, cada um tem seu tipo particular de oração, que se transforma de acordo com o momento.

Hoje constato que é bom pronunciar a oração com a boca; amanhã descubro que é melhor pronunciá-la com a língua. Então digo com a língua: "Senhor Jesus Cristo, apieda-te de mim", e o espírito se manifesta na língua. Um outro descobre que é ainda melhor rezar com a garganta, para vibrar as cordas vocais, e seu espírito manifesta-se nelas. Outro prefere rezar no ritmo das batidas do coração; isso não significa que o espírito se aloje no coração. Não é para adotarmos, especificamente, esses métodos de oração. A conclusão é que devemos encontrar, por nós mesmos, nossa própria maneira de rezar hoje; amanhã Cristo nos mostrará um outro modo, ou nós mesmos o encontraremos. E o "amanhã" pode ser o mês que vem, daqui a cinco anos ou até uns vinte. Mas pensemos nisto: como é belo passar vinte anos num trabalho em comum com Cristo, percorrer um mesmo caminho com Ele![6]

Embora a forma da oração mude, sua essência é permanente, mesmo porque, durante a oração "nada me ocupa o espírito [...] não me entretenho nem mesmo com pensamentos agradáveis, porque" – assim explica Gerondas – "a oração é uma constante união (ἕνωστς) com Cristo, que vem ao espírito e nele se instala".

Ele usa uma parábola para explicar como se estabelece esta união:

> *Se eu coloco um pouco de mel em algum lugar e a abelha vai para lá naturalmente [...]. O mesmo ocorre com a oração: quando eu coloco meu espírito nas palavras, o Espírito Santo vai naturalmente até elas e se aloja em meu espírito.*

Segundo Gerondas, a *theosis* (união com Deus) simplesmente acontece; não entendemos como e, pouco a pouco, sentimos efeitos, vivenciamos experiências, sentimos alegria, prazer, leveza, doçura. E ele frisa que, desse modo, obtemos "a certeza definitiva de pertencermos à comunidade de Deus" (κοινωνία τοῦ Θεοῦ)[7].

Se passamos a noite nesse estado de espírito, durante o dia não temos mais vontade de discutir, contra-argumentar ou fazer valer a nossa opinião, mesmo quando nos vemos numa situação que nos impele a replicar:

> Se você disser a alguém que o jumento voa, ele vai concordar, porque ele reza a prece do coração. Todo mundo sabe que jumentos não voam. Só que, se ele tem o espírito voltado para Cristo e você está com Cristo, ele não vai contradizê-lo, para demonstrar a unidade entre vocês dois. Se rezamos continuamente, nossas palavras e nosso espírito se tornam fogo e fogueira de sacrifício. E no sacrifício de nós mesmos, nossos desejos, sonhos e ambições vão para o fogo e a fumaça se avoluma e sobe, sobe para Cristo, que sente o perfume da oferenda e se alegra, porque a gente está com Ele[8].

A oração aumenta em poder e intensidade na medida da necessidade, da urgência, do infortúnio, da súplica pelo perdão. Em nome do Cristo, nossa prece eleva-se a Deus como a fumaça de um incenso queimado na brasa ardente da aflição, da dor, do desespero, da injustiça, da perseguição, envolvendo nosso Senhor com um doce aroma:

> Recebe minha oração como incenso diante de ti;
> recebe minhas mãos erguidas
> como sacrifício da tarde.
> Ouve-me, ó Senhor[9].

O aperto do coração e a confidência do lamento e da súplica dirigem-se a Deus como um sacrifício. A dor lancinante causada por uma injustiça é o nosso sacrifício, o sangue que derramamos se une ao sangue que o próprio Cristo derramou por nós.

Nosso espírito costuma tender à arrogância, e precisa falar com Deus. Tentamos nos guarnecer de força para exercer autoridade, realizar nossos planos e sonhos. Mas, quando se reza a oração de Jesus, a coisa é bem outra. Temos de nos colocar diante de Deus, expormo-nos a Ele; nosso espírito tem de se concentrar e dispor-se à humildade. É importante saber diferenciar nossas instabilidades emocionais – que se manifestam em torrentes de lágrimas, autopiedade, e por aí vai – das vibrações mais elevadas do coração, que rompem as amarras que nos atam ao mundo dos sentimentos comuns, favorecendo a realização do espírito, enfim, nos libertando.

Precisamos da orientação de um *gerondas* (γέροντασ, sábio, mestre), porque nada garante que o nosso espírito consegue mesmo livrar-se da distração dos pensamentos e preocupações comuns, que os olhos do coração se fixam efetivamente em Deus. Na verdade, a desconcentração é frequente, não nos voltamos realmente para Deus, e sim para nós mesmos, com nossos problemas e desejos, nossos pensamentos, ilusões, esperanças, simpatias e antipatias. Ficamos presos na rede do mundo em que vivemos, onde tudo gira em torno de nós mesmos e, se nos dirigimos a Deus, não é com o coração aberto e reverente, mas trancado e hesitante. Queremos Deus, mas do nosso jeito, nós o *fabricamos* para nós, somos nós que *resolvemos* o que Ele deve nos dizer ou responder, enfim, não temos abertura e disposição para concebê-lo como Ele é, nem interesse de saber o que Ele quer de nós. Preferimos inverter os fatores e *fazer Deus à nossa imagem*, adaptá-lo às nossas limitações, porque assim não precisamos tirar o ego do caminho, para que Deus possa passar e entrar.

São Gregório Palamas, eminente teólogo do século XIV, que estabeleceu as bases do hesicasmo, uma das práticas mais importantes na mística ortodoxa, rezava sempre a mesma oração, todo dia e toda noite: "Senhor Jesus Cristo, ilumina a minha escuridão". A escuridão é o afastamento de Deus e de sua luz, o nosso descaso com a graça, nossas dúvidas e diversos pensamentos que nos afastam da fonte da luz.

As lágrimas que a alma verte quanto se sente sem Deus são mais expressivas que palavras de súplica:
> *Com tuas lágrimas fertilizas o deserto árido, e teu mais profundo suspiro faz nascer frutos às centenas*[10].

Deus não precisa de muita conversa, não precisa que expliquemos nada, Ele sabe da nossa situação mais do que nós, conhece nossos problemas e tormentos. Portanto é evidente que, diante de Deus, o fingimento, o palavrório e os arroubos emocionais não fazem sentido. O correto é esvaziarmos a mente, deixar de lado tudo quanto é pensamento, ideia, desejo, sonho, opinião, convicção, ou seja, ficarmos como um recipiente vazio, pronto para ser preenchido por Deus, pelo Espírito Santo e pela graça.

Somos humanos e como tais nos dirigimos a Deus. O que importa não é o que nos distingue uns dos outros, mas aquilo que nos une, o que nos torna *um* – a condição humana –, o desejo de sermos *efetivamente* humanos. A criação vai ao Criador e o estado constante de oração nos une a Ele[11].

É compreensível, portanto, que muita gente observe com desconfiança aquela frase que geralmente resume o sentido da oração: "Deus, apieda-te de mim, que sou pecador". Que Deus é esse a quem precisamos pedir que tenha pena de nós? Gerondas Aimilianos diz que não devemos nos preocupar com as palavras, que são apenas um recurso para nos concentrarmos no Espírito Divino. Então pode ser bom harmonizar nossa mente e espírito com essas palavras, mesmo que as estranhemos literalmente. Segundo Gerondas, é como o que acontece quando vibramos nossas paixões, mesmo preferindo não as ter, assim como o fumante gosta do tabaco, mesmo sabendo que seu uso pode ser cancerígeno, ou como alguém que não se desapega do pecado, mesmo sabendo que ele o leva às trevas. É assim que o espírito se absorve e afeiçoa-se às palavras "Senhor Jesus Cristo, tem piedade de mim"[12].

Senhor Jesus Cristo,
tem piedade de mim,
que sou pecador.

Notas

[1] São João Crisóstomo comentou muitas vezes este texto do Antigo Testamento, enfatizando o silêncio de Moisés. Cf. *De Anna* (PG 54.646.43-46, sobre 1Rs 1,13); *Expositiones in Psalmos* (PG 55.63.17-29, sobre Sl 5,2; 55.428.26-56, sobre Sl 140,1); *In Matthaeum* (PG 57.277.10-31, sobre Mt 6,6); *In Epistulam ad Colossenses* (PG 62.364.1-8, sobre Cl 3,16); cf. tb. *In Psalmos* 101-107 (PG 55.669.20-25, sobre Sl 118,145); *De Chananea* (PG 52.458.49-55); *De beato Abraham* (PG 50.743.7-17). Todas as referências aos textos do Antigo Testamento foram extraídas da *Septuaginta*.

² Cf. JOÃO CRISÓSTOMO, *De Anna* 54.646.47-52.

³ Cf. JOÃO CRISÓSTOMO. *Sur l'incompréhensibilité de Dieu*. Paris, 1970, 3.380-425 a 3.388-90 [*Sources chrétiennes* 28].

⁴ O que segue baseia-se em SIMOPETRITES, A. *Νηπτική ζωή και Ασκητικοί κανόνες: Ερμηνεία στους οσίους Πατέρες Αντώνιο, Αυγουστίνο και Μακάριο*. Atenas, 2011, p. 404-511.

⁵ SIMOPETRITES, A. *Νηπτική ζωή και Ασκητικοί κανόνες*, p. 494, cf. p. 496.

⁶ SIMOPETRITES, A. *Νηπτική ζωή και Ασκητικοί κανόνες*, p. 494-495.

⁷ Cf. SIMOPETRITES, A. *Νηπτική ζωή και Ασκητικοί κανόνες*, p. 495.

⁸ SIMOPETRITES, A. *Νηπτική ζωή και Ασκητικοί κανόνες*, p. 496.

⁹ Sl 140,1 – cantado diariamente na oração da noite.

¹⁰ Primeira parte do *Apolytikion* grego de Santo Efrém o Sírio, oração das vésperas, 28 de janeiro: Ταίς των δακρύων σου ροαίς, της ερήμου το άγονον εγεώργησας· και τοις εκ βάθους στεναγμοίς εις εκατόν τους πόνους εκαρποφόρησας...

¹¹ Cf. SIMOPETRITES, A. *Νηπτική ζωή και Ασκητικοί κανόνες*, p. 497.

¹² Cf. SIMOPETRITES, A. *Νηπτική ζωή και Ασκητικοί κανόνες*, p. 498.

A oração nas tradições ocidentais

FIDELIS RUPPERT, OSB

O corpo como instrumento do espírito

Na tradição cristã, o corpo é um problema. "Rejeição do corpo" é, neste caso, a palavra de ordem. O corpo é frequentemente retratado como um perigo, causa e instrumento do pecado. Não é de todo estranho, pois ele *pode* realmente ser mal-empregado, como, por exemplo, no abuso do sexo, na compulsão da gula e da bebida, nas violências e brutalidades físicas de todo tipo. Portanto, não é de todo absurdo entender o corpo como instrumento do pecado.

Mas isso é só por um lado. A tradição cristã também reconhece o lado positivo do corpo. Vemos isso na Bíblia, nos textos litúrgicos e nas práticas das tradições religiosas.

É certo que, atualmente, nem todos os cristãos têm conhecimento da importância espiritual do corpo. Muitos não sabem como usá-lo em favor da vida espiritual. Para esclarecer isso, devo citar, primeiramente, algumas referências teológicas, depois alguns aspectos da Regra de São Bento e, por fim, alguns textos literários sobre experiências espirituais.

1 Teologia

Encarnação é um conceito básico na teologia cristã, ou, mais precisamente, *encarnação* é o evento fundamental da teologia cristã. *Encarnação* – a vinda de Deus na forma humana –, aquela imagem do Deus onipotente, que, com uma palavra, teria dado existência a milhões de nebulosas, constelações e a uma incontável diversidade de seres vivos, esse Deus todo-poderoso desce a nós e nasce como uma criança. Todos os outros eventos referentes a Jesus Cristo, também importantes para nós – o anúncio do Reino de Deus, sua morte e ressurreição, o envio do Espírito Santo – são apenas o complemento do fator fundamental, o mistério insondável do Deus feito homem.

Em termos precisos, *encarnar-se* não significa tornar-se *humano*, mas a tornar-se *carne*. Deus se faz carne – *caro* em latim, *sarx* em grego. "A palavra se fez carne", está escrito no prólogo do Evangelho de João.

Deus não se torna humano de um jeito qualquer, Ele *entra* na carne. Opondo-se categoricamente às réplicas conceituais a que se atinham as pessoas e as religiões em geral, os teólogos antigos defendiam a ideia de que Jesus Cristo viveu plenamente na carne. Eles reiteravam constantemente a máxima "O que não é assumido não será redimido". Isto é, nós podemos ser redimidos com nosso corpo humano porque Jesus assumiu um corpo humano. No mesmo sentido, há uma outra máxima em forma de trocadilho que diz: *caro cardo salutis* – a carne é o fulcro da salvação.

Essas são formulações teológicas, mas sabemos que alguns psicólogos dizem o mesmo, "O que não é assumido não pode ser redimido", em suma, se não assumo meu corpo, ele não terá saúde. Só se assumo meu corpo, só se o amo, é que ele poderá ser um instrumento do meu espírito, o que não é outra coisa senão o fundamento do meu caminho espiritual, que é, ao mesmo tempo, interior e externamente vigoroso.

2 A Regra Beneditina e a Bíblia

Há, na Regra de São Bento, dois textos que mencionam o corpo como um fator importante no caminho espiritual, na questão da "luta espiritual" (o nosso confronto com as partes negativas e sombrias da nossa alma, para purificá-la e transmutar mal em bem). No prólogo da Regra (verso 40) se lê:

> *É preciso preparar nossos corações e nossos corpos para militar na santa obediência dos preceitos de Deus.*

Nem o corpo nem o coração nascem preparados para essa militância espiritual. Corpo e alma precisam de treino e preparação; precisam, portanto, se exercitar no uso do seu aparelho. Um coração e um corpo sem treino tornam-se ferramentas ruins, que atrasam em vez de adiantar. Nesse sentido, a Epístola aos Romanos (6,13-19) assinala que os membros do corpo podem ser usados como "instrumentos da injustiça" e do pecado ou como "instrumentos da justiça" a serviço de Deus. Devemos preparar nosso corpo de modo que possamos usá-lo como um bom instrumento do espírito.

Referindo-se à ocorrência da fornicação, Paulo menciona esta duplicidade do uso do corpo também na Primeira Epístola aos Coríntios, salientando que os membros do corpo pertencem a Cristo, portanto não podem ser desonrados. Ele formula uma "teologia do corpo" tão concisa quanto precisa, nos termos:

> *O corpo [...] para o Senhor e o Senhor para o corpo.*
> 1Cor 6,13.

Esta é a visão teológica, bem como a teoria segundo a qual a prática espiritual deve ser entendida como uma atitude e vivência concretas[1]. A respeito dos termos da Regra Beneditina que citamos acima – a necessidade de preparar corpo e alma para a militância do espírito –, diz o trapista australiano Michael Casey:

> *O amadurecimento espiritual não consiste num progressivo deslocamento ou afastamento do corpo, e sim numa progressiva integração e harmonização entre corpo e alma. Segundo Bento de Núrcia, na vida monástica o corpo e a alma trabalham lado a lado, para que Deus predomine em tudo*[2].

Em outra passagem da Regra, Bento explica o significado do corpo, comparando os doze degraus da humildade – portanto do desenvolvimento espiritual – com a escada que o patriarca Jacó viu em sonho, pela qual subiam e desciam anjos (cf. Gn 28,12).

> *Essa escada ereta é a nossa vida no mundo [...]. Quanto aos lados da escada, dizemos que são o nosso corpo e nossa alma.*
> Regra Beneditina 7,8s.

Essa escada simboliza a vida no mundo. Corpo e alma são os dois arrimos que apoiam os degraus da escada – símbolos dos passos que corpo e alma dão conjuntamente. Deduz-se, portanto, que o coração é tão importante para vida espiritual quanto a alma.

A respeito dessa conotação espiritual do corpo, eu gostaria de citar uma obra filosófica judaica: *Leiblichkeit – Un-*

ser Körper und seine Organe als Ausdruck des ewigen Menschen (Existência física – Nosso corpo e seus órgãos como expressão do ser eterno), de Friedrich Weinreb[3]. Percebemos aí uma visão espiritual e até mística das inúmeras funções do corpo físico. O autor manifesta sua convicção de que o corpo, se o usamos de modo adequado, pode funcionar como um eficiente instrumento espiritual. Podemos não estar muito habituados a lidar com o corpo neste sentido, mas a ideia apresenta uma nova perspectiva que pode nos inspirar.

3 Experiências corporais registradas na literatura

Em primeiro lugar, eu gostaria de citar um relato de Fulbert Steffensky, onde ele mostra como o espírito precisa se manifestar concreta e fisicamente. Trata-se de uma ocasião em que esteve em Israel e fez amizade com um jovem de lá, que viajou com ele em seu regresso à Alemanha. Steffensky nos conta:

> *Pouco antes do pouso, o rapaz tirou seu caderno de notas do bolso, arrancou uma folha, escreveu algo e me entregou. Estava escrito "Deus te abençoe!" Guardei a folha, que até hoje está sobre a minha escrivaninha. Que sentido teria aquela bênção, da parte de um rapaz que, por sinal, dizia-se ateu? O que acontecera, de fato? Bom, em primeiro lugar ele quis dar algum conteúdo à nossa despedida no aeroporto, o que fez com uma frase e um*

> *gesto [...]. Seus bons votos para mim seriam fogo de palha, não esquentariam lugar em seu espírito, se ele não recorresse a palavras e imagens. O sentimento ficou permanente porque ele o manifestou com palavras e gestos. A manifestação externa garantiu a perpetuação interna; a forma preservou a essência [...]. Digo isto em oposição a um conceito do protestantismo burguês, segundo o qual o que há de importante e verdadeiro no espírito humano só deve ser entendido como coisa interna e de modo interno, que a manifestação, o gesto [...] são demonstrações dispensáveis, invólucros casuais da verdade, que são importantes [devem ser considerados] o espírito e o coração. É bem possível que este conceito tenha base na nossa tradicional rejeição do físico*[4].

Essa tendência protestante que Steffensky menciona também ocorre entre católicos: o refúgio na interioridade, a busca da espiritualização na fé e na oração.

Há um texto de C.S. Lewis – um dos maiores escritores britânicos do século XX – que aborda o mesmo assunto. Em seu livro *Dienstanweisung für einen Unterteufel* [Cartas de um diabo a seu aprendiz], uma espécie de *diabo-mor* escreve uma carta para o seu sobrinho, enviado por ele para tentar as pessoas, ordenando-lhe que jamais tolerasse que seus "tentados" assumissem atitudes corporais ao rezar. E acrescenta:

> *[As pessoas podem] achar que a atitude física não importa na oração. Assim jamais se lembrarão daquilo que não se pode esquecer, que eles são animais e tudo o que seu corpo fizer lhes afetará a alma. É engraçada a maneira como os humanos imaginam que enfiamos certas coisas na cabeça deles; é justamente daí que obtemos nossos maiores sucessos de tirar certas coisas de suas cabeças[5].*

O diabo está plenamente convicto de que tudo o que o ser humano faz com o corpo lhe afeta a alma. E também sabe muito bem que:

> *Num lugar onde alguém costuma rezar sempre ocorre o perigo de que [Deus] intervenha imediatamente e que esses animais humanos obtenham [ou sejam inundados de] autoconhecimento quando se ajoelham[6].*

Portanto, o sobrinho do diabo superior tinha que incutir na mente das pessoas que atitudes externas eram desnecessárias e que bastava "colocar-se num estado de devoção sem forma e pronto. Assim ele poderia engambelar por longo tempo tanto os espertos quanto os lerdos"[7]. O diabo superior frisa claramente a recomendação de desligar as pessoas de algo importante, neste caso a participação do corpo no ato da prece. Desse modo, Steffensky demonstra que a atitude interior, por si só, não basta. É preciso uma atitude completa, na qual o corpo também toma parte. O diabo sabe disso, os bons cristãos, nem sempre...

Numa palestra sobre *O poder benéfico do puro gesto*, Graf Dürckheim contou que, certa vez, sua mulher se lamentou de não conseguir rezar. No final da conversa, ele disse a ela que bastava ajoelhar-se diante da cama. Quando ela assim fez, seu coração se abriu imediatamente, e ela conseguiu rezar. Enfim, um gesto corporal abriu o espírito[8].

Até mesmo a observação do corpo pode inspirar um intenso estado de prece. A gratidão e a adoração agradecida são a base dos ensinamentos do famoso mestre beneditino David Steindl-Rast e, para ele, a gratidão e a adoração começam na percepção do corpo:

*Se deixarmos de considerar tudo banal
e prestarmos mais atenção aos detalhes,
ficaremos maravilhados com nossos corpos.
É espantoso saber que meu corpo produz 15
milhões de glóbulos vermelhos a cada segundo.
15 milhões! Quase o dobro da população
de Nova York. Me disseram que, se os vasos
sanguíneos do meu corpo fossem colocados
em linha contínua, eles envolveriam o globo
terrestre. E olha que o coração só precisa de
um minuto para bombear e trazer de volta
todo o sangue que passa por essa tubulação
intrincada. Ele fez isso durante os últimos
75 anos, minuto a minuto, dia a da, e são
100.000 batidas a cada 24 horas. Sei que isso*

> *é uma questão de vida ou morte, mas não faço a menor ideia de como funciona e, mesmo não entendendo, sei que funciona bem e fico maravilhado*[9].

A observação da fisiologia é o ponto de partida para um estado de adoração e gratidão.

O místico João da Cruz fala dessa correspondência entre corpo e alma, explicando que realmente é possível sentir fisicamente um profundo enlevo espiritual, até (literalmente) nos ossos:

> *E esse abençoado prazer da alma às vezes traz ao corpo a unção do Espírito Santo. Todo o corpo físico recebe esta bênção, os membros, os ossos, até a medula [...]. O corpo recebe da alma uma bem-aventurança tão intensa que sente um imenso bem-estar nos ossos e glorifica Deus, conforme vemos nas palavras de Davi:* Omnia ossa mea dicent: Domine, quis similis tibi? *Todos os meus ossos clamam: Senhor, quem é semelhante a ti? (Sl 35,10)*[10].

Portanto, a alegria mística atinge o corpo de tal maneira que até os ossos cantam: "Senhor, quem és tu?" Não é algo que aconteça rápido, mas esse texto mostra como devemos nos comportar quando o estado de prece se aprofunda a ponto de chegar aos ossos.

Notas

[1] Cf. RUPPERT, F. *Intimität mit Gott* – Wie zölibatäres Leben gelingen kann. Münsterschwarzach, 2002, p. 35-54.

[2] *Der Weg zum ewigen Leben* – Gedanken zum Prolog der Benediktusregel. St. Ottilien, 2013, p. 151.

[3] Weiler: Thauros, 1987.

[4] STEFFENSKY, F. Segnen – Skizzen zu einer Geste. In: HANGARTNER, L. & VIELHAUS, B. (ed.). *Segnen und gesegnet werden*. Düsseldorf, 2006, p. 43 [O autor publicou este texto e outros similares também em CD: *Segnen* – Skizzen zu einer Geste (Chrismon, 2009)].

[5] LEWIS, C.S. *Dienstanweisung für einen Unterteufel*. Friburgo, 2011, p. 22.

[6] Ibid., p. 23.

[7] Ibid., p. 21s.

[8] Cf. DÜRCKHEIM, K.G. Die heilende Kraft der reinen Gebärde. In: BITTER, W. *Meditation in Religion und Psychotherapie*, p. 168.

[9] STEINDL-RAST, D. *Einladung zur Dankbarkeit*. Friburgo, 2012, p. 69s.

[10] JOHANNES VOM KREUZ. *Lebendige Liebesflamme*. Munique, 1938, p. 52 [Trad. Bras.: SÃO JOÃO DA CRUZ. *Obras completas*. Petrópolis: Vozes, 2002].

Prof. Sabine Bobert

A constante prece de Jesus como caminho místico

Já recorri a diversas maneiras de rezar, mas, por fim, assumi a prece de Jesus como uma atitude mental permanente. Conheci várias formas de oração e sei que cada uma tem um sentido particular, mas acabei me concentrando no sentido e no efeito da prece de Jesus.

Vou explicar: trata-se da forma mais antiga e importante da vida monástica cristã, o que se verifica na vida dos eremitas do deserto egípcio. Desde os séculos III e IV d.C., eles já a praticavam como um mantra, isto é, repetindo constantemente a mesma frase em voz baixa, enquanto trabalhavam, enquanto faziam qualquer coisa. Até durante o sono a prece continuava a ecoar interiormente.

A frase proferida era geralmente de um salmo, como "O Senhor é o meu pastor" ou "Senhor, vem me socorrer, corre para me socorrer". Com o passar dos séculos, essas preces passaram a se concentrar no nome de Jesus, tomando a forma que chamamos de prece de Jesus: "[Senhor] Jesus Cristo, Filho de Deus, tem pena de mim [que sou pecador]". A prece de Jesus tem diversas outras formas, mais longas, mas a forma curta concentra nosso espírito e coração no essencial: o nome de Jesus. Concentrando-nos no nome de Jesus, vivemos em sua presença. Independente do que estejamos fazendo aqui na terra, estamos no Reino de Deus, temos acesso ao que antes estava oculto: o Reino de Deus está dentro de nós, embora nosso espírito distraído e o coração empedernido nos tenham envolvido com uma crosta que não nos deixa perceber a presença de Jesus.

Mas o que ocorre na prece? Uma coisa eu sei: a prece de Jesus é o recurso mais poderoso para nossa evolução mística. Tudo o que já foi dito de diversas maneiras a respeito da mística cristã converge para a prece de Jesus. Dizem que os místicos cristãos de ambos os sexos fazem uma escalada de três patamares: primeiro a purificação, depois a iluminação e, por fim, a união.

Mas, na verdade, não é bem assim. A escalada não é linear, há obstáculos no meio do caminho. E vale lembrar que alguns momentos de unidade espiritual proporcionam uma percepção tão intensa que pode nos fazer sentir totalmente impuros e reviver velhos conflitos e questões não resolvidas e, de repente, voltamos ao trabalho da "faxina" espiritual. É por isso que optei por uma imagem de rotas emaranhadas, em vez dos três passos regulares.

Então, como os três passos se tornam coerentes com a prece de Jesus? Só posso dar uma ideia vaga. Cada um terá sua experiência própria, alguns praticaram métodos asiáticos, outros já são naturalmente sensitivos, talvez haja quem ultrapasse as etapas da purificação, alguns têm experiências místicas. Mas todos, em algum momento, terão de recuar, para pôr os pés no chão e esclarecer o espírito. Há diversos modos de caminhar com Deus, e cada um se relaciona com Ele a seu modo.

Primeiro passo: *coaching*

No passo da purificação – ou *coaching*, como se diz hoje – é preciso constante concentração na prece de Jesus, sem interferência alguma. Recursos mentais são desaconselháveis, pois o uso da mente aciona pensamentos, inclusive negativos, e, embora os pensamentos sempre venham à tona, no ato da prece devemos simplesmente deixá-los passar, sem dar atenção. Assim, a capacidade de concentração aumenta e a gente se torna cada vez mais resistente ao estresse e às crises.

O alívio do fim das negatividades pode ser sentido como nos exemplos abaixo:

* Uma pessoa de alto *status* social, que sofria de tensão e já passara por uma terapia e uma internação, disse: "Sinto-me bem e tranquilo. É como se eu tivesse um escudo protetor à minha volta. Eu me sinto seguro".
* Uma professora diz: "Notei que só tenho ainda um pouco de mal-estar quando chego em casa. Não tenho mais aquela enxaqueca horrível".

♦ E uma gestora de projeto: "Meu local de trabalho parece outro, não me estresso mais, meus projetos têm sido aprovados. Acho que é porque agora eu percebo e aplico com muito mais clareza aquilo que pretendo. Ao entardecer, vou para casa de cabeça fria".

O que isso quer dizer? A mística chama esse primeiro passo de "purificação". Passamos a entender nossos pensamentos e sentimentos. Agora lidamos tranquilamente com coisas que antes nos estressavam. A prática constante da prece de Jesus clareia todos os pensamentos e, aos poucos, aqueles maus hábitos mentais que nos atrapalhavam vão indo embora.

Um principiante na prática da prece de Jesus, que já havia praticado meditação zen, tem uma surpresa repentina: "No decorrer desta prática, encontrei algo interessante que não me ocorria na prática do zen. Os sentimentos ficaram muito densos, mas se tornaram nítidos e acessíveis. [...] Nem sempre é assim tão simples, porque às vezes o sentimento é tão fundo que chegamos a chorar. Ocorre um forte anseio por silêncio, sossego e alívio. [...] A sensação do tempo se intensifica, às vezes tão rápido que ele parece uma coisa concreta. Sente-se a vida de forma mais intensa, direta e aproveitável".

O ato constante da prece de Jesus funciona como um ambiente cotidiano de recolhimento e paz. No meio da confusão que nos cerca, podemos vivenciar um raro estado de profundo silêncio, algo tão diferente de tudo que conhecemos que chega a causar estranhamento e até meter medo. Uma experiência totalmente nova. Uma pessoa assim descreveu a sua: "Após cessarem as sensações agitadas, quando a consciência percebe uma dramática distância ou abismo que me separa de Jesus e da esfera divina, quando percebo uma significativa 'desonestidade' interior, a prece de Jesus me traz um sossego que é, mais precisamente, um silêncio peculiar, maior que o bem-estar. Não é, de modo algum, um silêncio assustador, é simplesmente um 'silêncio silencioso'. Lá estou eu, sem torpor nenhum, mas com o espírito lúcido e ativo, sem fazer nada (a não ser a *ruminatio*), estou completamente imobilizado e também um pouco alheio, mas no bom sentido. É o silêncio interior sem torpor, algo que não é só benéfico, algo permanente e até um tanto estranho".

Na medida em que o silêncio interior e o esclarecimento pessoal ganham espaço, podemos passar por intensas sensações de vazio. Vão-se os sentimentos e pensamentos usuais, mas ainda não vemos a "luz no fim do túnel", o espírito do *observador despreocupado*, no qual nossa personalidade começa a se estabelecer. Alguém descreveu também sua passagem por essa fase de desolação: "A prece de Jesus me leva a uma tristeza além da conta, mas é uma tristeza sóbria, uma tristeza 'seca', como uma sauna sem vapor. E, por incrível que pareça, eu lido melhor com as coisas quando estou nessa tristeza intensa! A tristeza da prece de Jesus 'seca' de algum modo, talvez como o verme 'seca' e morre com calor intenso. A prece de Jesus 'torra' o verme da tristeza interior".

Essas coisas que o principiante experimenta ainda não são vivências místicas. No silêncio interior, na percepção de nós mesmos, apenas passamos a ver as coisas com mais clareza, ficamos mais saudáveis e mais calmos, tanto por dentro quanto por fora. Mas são estas as condições básicas para que mais tarde possamos sentir plenamente a presença de Deus e conhecer uma realidade superior. Quem não tem saúde espiritual é inquieto e incapaz de introspecção, é confuso e não percebe a diferença entre certas ideias fantasiosas e a verdadeira essência espiritual.

Viver com disciplina é viver bem no dia a dia. O primeiro indício de saúde espiritual é a qualidade da vida cotidiana. Certa pessoa escreveu: "Minha vida diária não é fácil, mas lido da mesma forma com o que quer que seja, às vezes até melhor; minhas decisões são rápidas, distingo facilmente o que vale a pena fazer e o que não adianta".

Através da prece de Jesus – que organiza pensamentos e sentimentos confusos – até mesmo pessoas espiritualmente perturbadas experimentam um grande alívio. Uma mulher cujos sofrimentos da alma lhe bloqueavam o desempenho profissional afirmou: "Já me sinto mais tranquila, serena, menos amedrontada. Também acho que agora tenho mais facilidade em aceitar certos desagrados porque, no geral, estou plenamente satisfeita. Por exemplo, não penso mais em me separar do meu marido; pelo contrário, devo aceitá-lo como ele é. Eu mesma acabei reconhecendo que também sou uma pessoa difícil, que não sou tão 'certinha'. Muita gente já se atrapalhou comigo, inclusive médicos, psicólogos e terapeutas. Reconhecer meus próprios limites foi, por um lado, um choque, mas, por outro, um alívio. O pedido 'tem pena de mim' me tornou humilde".

A cura: o encontro com nossa verdadeira natureza

Dr. Benson – que, já na casa dos 70, estudou o estado de saúde das pessoas religiosas – resumiu a questão num mantra – "reação do *relax*" (*relaxation response*) – que substitui a comum "reação de luta ou fuga". Segundo ele, os efeitos fisicamente curativos são:

- *significativa regularização da pressão sanguínea;*
- *desaparecimento de dores crônicas;*

- *75% dos pacientes com dificuldade de adormecer ficam curados e passam a dormir normalmente; os outros 25% têm, no mínimo, uma melhora;*
- *redução dos sintomas nos pacientes cancerosos e soropositivos; efeitos colaterais da quimioterapia, como náuseas e vômito, se tornam mais controláveis;*
- *pacientes com ansiedade e depressão de grau baixo ou médio têm consideráveis melhoras;*
- *redução da frequência e gravidade das crises de enxaqueca.*

Benson, 1977: 176.

Os resultados do estudo de Benson revelam-se em experiências de pessoas que participaram de seus cursos, tais como:

✦ Uma senhora que sofria de depressão disse: "Pratiquei o 'estar com Jesus' durante um passeio de bicicleta. Dá certo. Então fui à academia de bicicleta e não tive medo algum. Foi ótimo!"

✦ Outra participante disse: "Desapareceram minhas dores de cabeça matinais".

✦ Um senhor de 67 anos, que tivera dois enfartes cardíacos – depois de três anos de desequilíbrio arterial, tomando anticoagulantes e comprimidos contra o colesterol – pôde dispensar os medicamentos sem problema algum, porque sua pressão voltara ao normal.

É que se estabelece um novo *centro da personalidade*, que ainda não traz em si a cura; é, a princípio, uma espécie de *observador neutro*, que paira acima do nosso *eu* comum cotidiano. Através do novo observador, passamos a nos ver sem nos julgarmos e descobrimos estratégias totalmente novas para resolver problemas. Não temos mais aquelas reações automáticas de antes, porque o observador imparcial agora está "de guarda", para contê-las. Um praticante disse: "Não há visões, nenhuma experiência mística. Simplesmente as coisas ficam claras na mente [...] O ego... para que me apegar a ele? Por que adotar um programa comportamental por causa dos outros? Até então, eu era um programado. [...] Jesus Cristo forja o nosso íntimo como o vidreiro faz com o vidro derretido. O Pai derramou sua essência sobre nós. Deus é diversidade. Minha essência é uma extensão da essência divina. O mundo do ego é uma ficção".

Mas não vou ocultar que a passagem de um estado para o outro é uma fase difícil. Às vezes é preciso ir devagar, passo a passo. Ficamos totalmente à mercê de vivências novas e desconhecidas, descobrimos de repente que nunca tivemos tudo sob controle, tampouco temos agora. A verdadeira espiritualidade não é uma coisa fácil. Imaginemos a personalidade como uma peça de ferro; pois é, é como colocar a personalidade na forja, derretê-la de novo e despejar dentro de um novo molde. Enfim, é um novo – e doloroso – nascimento. E o trabalho do "ferreiro" não termina aí. Como disse uma participante de um curso, "o efeito inicial é o desmonte da personalidade, quando percebemos a inutilidade das tentativas de estabilizá-la; a 'sucata' desmontada vai acumulando, é difícil acreditar nesse processo (ou no 'bom plano de Deus'). [...] Aí as lágrimas rolam como água, a alma quer dar vazão, mas o resto tem pavor de todo esse descontrole".

Encontro com o cerne: a mística

A prática constante da prece de Jesus nos leva a um nível mais avançado da identidade, uma associação vital e afetiva com o Cristo Ressuscitado e, por fim, uma união com Ele. Disse uma participante de um curso: "Hoje eu sinto muito mais rápido a presença de Deus". Em essência, a mística cristã é uma prática pessoal, que, em sua dinâmica, poderia ser definida como *mística do amor*. Uma outra participante sentiu, logo no início de sua prática, o toque do amor divino – e, em seguida, seu afastamento. Neste ponto, o anseio intensificou-se na forma de um impulso de prosseguir no caminho: "Eu havia lido que, mesmo na fé, pode haver dificuldades: a frustração da experiência não continuada, a dor do anseio por aquele amor vivido – sabendo que só podemos pedi-lo e que, por mais que se peça, ele não volta [nunca mais?]. Uma vez, pedi a Deus que me retirasse aquele anseio absurdo que só faz sofrer. [...] Não adiantou, na verdade piorei. Aí começou tudo de novo. [...] Uma vez iniciado, esse processo não para mais, e basta ver os inúmeros salmos que perguntam 'Até quando?!' para perceber que o meu caso não é o primeiro".

A série de experiências do toque divino só faz aumentar o anseio. Certa pessoa que já praticava a prece há muito tempo escreveu: "Meu anseio é uma doença. Meu coração está ferido. Penso que preciso agir para te encontrar; ao mesmo tempo sei que basta não dar atenção ao que me separa de ti. Assim, por ti eu renuncio à minha forma e ao meu próprio ser".

A *infraestrutura pessoal* distingue a mística cristã de muitas outras técnicas que se limitam a nos proporcionar experiências místicas.

As *primeiras experiências místicas* costumam associar-se à *compenetração total*. A esta altura, a empatia não mais ocorre no plano das ideias, mas no plano de uma identidade mais plena. Uma senhora, que, antes do curso, já derrubara muitos obstáculos internos através da psicologia, teve essa experiência logo depois do curso. "Suas explanações sobre o Amor de Cristo me tocaram a tal ponto que, quando eu voltava para casa – poucos minutos depois do curso –, aconteceu-me uma coisa surpreendente, que eu gostaria de lhe contar: quando vi a rapaziada no Parque Lustgarten, senti de repente um amor irresistível por aqueles jovens e as palavras do Evangelho 'Quando Jesus viu a multidão, compadeceu-se' estavam em mim tão vivas como se eu fosse o próprio Cristo."

Outra senhora assim descreve a sua experiência de plenitude: "Pela primeira vez na vida eu constatei – não com a mente, mas com o corpo mesmo – que a espiritualização pessoal não é uma questão privativa! Independente de nos darmos conta ou não (não faz diferença), a gente se conecta com o 'corpo místico' e, desse modo, a espiritualização é uma questão tipicamente política.

Não tem nada a ver com algum novo conhecimento; o que ocorre quando sentimos plenamente o corpo é um verdadeiro salto quântico. Em termos mais claros, podemos dizer assim: 'Se você está de mau humor, eu também estou; não sou um 'espectador', mas, ainda que num nível mais brando, eu sinto a mesma coisa pra valer!' (E, é claro, o mesmo acontece com sentimentos bons, como alegria, paz, energia, e assim por diante.)". Este exemplo individual se reflete na política mundial.

Uma outra senhora ouviu pela primeira vez, em sonho, o *Polyeleos* (Sl 134; 135) na forma de um cântico litúrgico ortodoxo: "Eu me vi num lugar parecido com uma arena de touros, onde estava um robô gigantesco. Mas, não sei como, a prece de Jesus fora pronunciada antes e alguma coisa [...] veio por cima do monstro e aferroou sua cabeça com tentáculos. Então todos pronunciaram em coro a prece de Jesus. Depois me vi como que no topo de um edifício, com gente de diversas religiões e nações, e todos rezaram em altos brados a prece de Jesus. O senhor também estava lá e viu que eles rezavam sem parar. E, ao mesmo tempo, todos nós comíamos biscoitos. [...] Comendo biscoito e rezando alto, lá estávamos. Mas, em vez de 'Jesus Cristo', a gente dizia '*poly ö*'. Qual seria a interpretação disso? O senhor tem alguma ideia?"

Nessas fases de amadurecimento costumam ocorrer manifestações psíquicas associadas à integração com as diversas formas de percepção mística que, numa visão materialista de mundo, não podem ser satisfatoriamente expressas.

Mas, quando olhamos para dentro, percebemos nosso ser interior e sabemos que todos os demais níveis da identidade são manifestações parciais e momentâneas.

A oração nas tradições orientais

Sebastian Painadath, SJ

A oração mística nas religiões orientais

No espaço deste livro não vai dar para abordarmos com profundidade um tema tão abrangente como a visão oriental da oração. Portanto, vamos focalizar as características básicas do hinduísmo.

O hinduísmo é considerado a mais antiga religião do mundo. De fato, não há como atribuir sua formação a um fundador ou acontecimento específico. Três vertentes culturais convergiram no hinduísmo, na metade do segundo milênio a.C.: os diversos ramos religiosos do subcontinente indiano, com sua sensibilidade da força da natureza, a antiga religiosidade dravídica do Vale do Hindo, com sua cultura da maternidade divina, e a espiritualidade Ária das regiões himalaicas, que prescreve a harmonia com a *ordem cósmica* (*Ṛta*). Com o tempo, a perspectiva Ária se tornou o fator básico do hinduísmo.

As Escrituras Sagradas

A estrutura dos *Vedas* (1200-900 a.C.) tem sua base na ascese e meditação dos antigos sábios da Índia. Os místicos védicos (*rishis*) perceberam a existência de uma harmonia fundamental (*Ṛta*) no cosmo e meditaram sobre o intangível mistério da dinâmica existencial. Proferindo o som divino *"om"*, eles entraram em sintonia com esta dinâmica. Com o tempo, eles foram descobrindo mantras poderosos, nos quais captavam vibrações benéficas, e desenvolveram rituais solenes, nos quais se operavam atos de cura. Entrar em contato com o Absoluto – eis o sentido da oração na fase védica.

Os mestres dos *Upanishads* ensinaram práticas de introspecção. Eles vivenciaram o Divino como o mistério transcendental absoluto (*Brahman*) e o *self* (o *eu* ou *si-mesmo*) inerente a tudo (o *Atman*). Através da meditação disciplinada, a consciência mental (*manah*) alcança a profundidade intuitiva (*buddhi*) e experimenta-se uma unidade mística consigo mesmo e com tudo ao redor – eis o sentido da prece na fase dos *Upanishads*.

Por volta de 300 a.C. foi escrito um pequeno texto: o *Bhagavad Gita*, que nos remete a uma integração (*yoga*) de três planos da espiritualidade: a devoção amorosa a Deus (*bhakti*) em seu aspecto pessoal; o autoconhecimento contemplativo (*jnana*) na essência transpessoal do ser, e o envolvimento ativo no mundo (*karma*). A liberdade interior (*nishkama*) em sintonia com estes três elementos – eis o sentido da oração segundo o *Bhagavad Gita*.

A iconografia

Os dois grandes épicos e os dezoito mitos da tradição surgiram e evoluíram lado a lado com as escrituras citadas acima. Surgiram inúmeras figuras sagradas e formas de deidades, como reflexos de profundos fatores do inconsciente coletivo da psique religiosa. No plano da religiosidade popular, e nos rituais, essas entidades foram cultuadas em seus inúmeros aspectos. Ainda hoje reza-se e fazem-se oferendas para estas imagens sagradas. Na iconografia hindu, três aspectos divinos estão no topo da hierarquia, cada um na forma de um casal: *Brahma* e *Sarasvati*, *Vishnu* e *Laksmi*, *Shiva* e *Parvati*. Reza-se para *Brahma* e *Sarasvati* quando o pedido tem a ver com o criar (ou gerar, ou construir) algo. Reza-se para *Vishnu* e *Laksmi* quando o pedido se refere a sucesso ou prosperidade. Reza-se para *Shiva* e *Parvati* quando se pede solução de algum problema ou cura. *Krishna*, *Rama*, *Ganesha*, *Durga* e muitas outras formas divinas moram no coração devocional do povo.

Um modo muito frequente de *não* entender a iconografia hindu é achar que "os hindus acreditam em milhões de deuses". Um hindu de fé vê a questão de um modo completamente diferente, à luz da visão clássica dos *Vedas*: "O Divino é uno, mas fala-se dele de diversas maneiras" (*Rig Veda*, 1,164,46). Assim como um único Sol nos ilumina com milhares de matizes, Deus vem a nós através das inúmeras potências da natureza. A princípio, as forças vivificantes da natureza eram vistas como *deuses* (*deva* = translúcido, o que "brilha através") e cultuadas em formas pessoais de aparência humana. Os *Vedas* contêm belíssimas preces e hinos às forças da natureza, como o Sol, o fogo, a terra, a respiração, a chuva, a água e as árvores. Como exemplo, eis, a seguir o Hino à Terra:

Paciente Terra,
Tu dás alimento e força,
Nós te louvamos, como convém.
És nossa mãe, nós somos seus filhos.

És mãe das plantas e de todos os seres vivos,
profundamente alicerçada e amplamente
extensa,
estabelecida pela lei celestial,
nós te amamos e tu nos amas.

Dá-nos o poder vital
Que vem de teu âmago.
Torna-nos puros, totalmente puros.

> *O que plantamos em ti, Mãe Terra,*
> *Crescerá em ti.*
> *Minha turbulência jamais ferirá teu coração,*
> *Acolhe-nos, tu que estás conosco dia e noite,*
> *Que com a chuva e a luz do sol és fértil,*
> *Todos em tua bem-amada morada.*
> Atharva Veda, 12,1, Hino à Terra (séc. X. v. Cr.),
> Painadath, 61.

Não se trata de primitivismo cultual; é, na verdade, uma manifestação de sintonia consciente com o Divino da natureza. O cosmo inteiro é o templo e as forças naturais são as sagradas transmissoras da energia vital. As pessoas rezam a elas para receber a "bênção universal" (*Rig Veda*, 1,27,13), para ter "um espírito vívido" (*Rig Veda*, 2,21,6), para obter perdão (*Rig Veda*, 1,24,14), para "sermos solidários" (5,85,7), para "iluminar o espírito" (*Yajur Veda*, 3,17), para ter "sabedoria gloriosa" (*Rig Veda*, 10,36,10) e pelo "acolhimento de Deus" (*Rig Veda*, 7,81,4). Por outro lado, é preciso reconhecer que, ao longo de séculos de poderio da casta brâmane, desenvolveram-se formas questionáveis de adoração e a religiosidade restringiu-se ao ritualismo.

A perspectiva

Para observar a complexidade da prece na tradição hindu, temos que dar atenção a três aspectos básicos:

1) No hinduísmo não há orientações específicas, tampouco dogmatismos. O hindu é plenamente livre para seguir seu próprio caminho espiritual, ou seja, cada um pode imaginar o Divino na forma que lhe agrade e rezar à sua maneira.
Eu te recebo na forma que vens a mim.
Bhagavad Gita, 4,11.

Portanto, há inúmeras formas de prece e meditação no hinduísmo.

2) É preciso distinguir dois níveis de atitude: a religiosidade popular e a mística. O hinduísmo popular é o contexto dos inúmeros ambientes sagrados, com seus templos e lugares de peregrinação, suas imagens e símbolos, seus ritos e rituais, festas e cerimônias, procissões e banhos sagrados – com imensa gama de variedades, às vezes, um tanto estranhas. Mas, no plano da teologia e da mística, o foco é a busca da unidade, ensinada nos *Vedas* e *Upanishads*. Enfim, temos que observar essas variedades em separado.

O modelo da integração, ensinado no *Bhagavad Gita*, nos apresenta uma estrutura que inclui os três aspectos básicos da espiritualidade e do foco da oração: *bhakti* (*devotio*), *jnana* (*contemplatio*) e *karma* (*actio*). Pretendo, aqui, analisá-los um de cada vez, em seus respectivos focos, mas distinguindo as suas manifestações na religiosidade popular e na mística, distinguindo o sentido da prece em cada caso.

A oração no caminho da devoção amorosa (*bhakti*)

Na religiosidade popular: Aqui predomina uma nítida relação tipo *eu-e-tu* com Deus, observado em inúmeras formas e imagens de deuses e deusas, com suas respectivas personalidades ou de acordo com o culto de cada templo. A forma pessoal de Deus pode ser masculina ou feminina e, muitas vezes, está associada aos mitos desenvolvidos no fundo da psique religiosa humana. Assim, eles têm formas sobre-humanas, daí a inadequação do questionamento quanto a alguma origem histórica para seus respectivos mitos. O que importa é que a imagem sagrada toque o coração do devoto, enchendo-o de amor.

Um livro clássico sobre o amor a Deus (*Narada Bhakti Sutras*) menciona novas formas de devoção:

1) Ouvir (*sravanam*) – Em muitas reuniões de família e grupos de pessoas, as escrituras e narrativas sagradas hindus são lidas em voz alta e todos escutam respeitosamente. A alma envolve-se com a palavra divina pela audição.

2) Cantar (*keerthanam*) – A mais frequente forma de oração hindu se manifesta em hinos e cânticos.

Proferindo ou escutando os cantos sagrados, as pessoas entram em sintonia com o amor divino. O soar reverente dos nomes de Deus – como, por exemplo, *Om namah Sivaya, Om no Narayanaya* – gera vibrações sagradas em Deus e para Deus. O pronunciamento do nome de Deus com um rosário de pérolas é uma forma de oração muito apreciada entre os hindus.

3) Recordar (*smaranam*) – A pessoa evoca os atos salvadores de Deus, mencionados nos épicos e mitos. As cenas dos eventos sagrados expandem a imaginação e tornam a presença divina perceptível e nítida.

4) Sentar sobre os pés (*padasevanam*) – A pessoa reverencia seu Senhor e Mestre dentro do próprio coração, senta-se respeitosamente sobre os pés e escuta as palavras do Divino. A alegria pela proximidade de Deus é um elemento básico da oração hindu.

5) Oferendas (*archanam*) – A autoentrega a Deus manifesta-se externamente, por exemplo, colocando-se flores ou frutas aos pés de uma imagem, acendendo-se uma lamparina ou bastões de incenso. Assim, o mundo é sentido como um lugar sagrado, abençoado pela presença de Deus.

6) Adoração (*vandanam*) – Lembrar-se, com a maior gratidão, das inúmeras bênçãos de Deus na vida, e

louvá-lo por elas. As palavras da oração emergem de uma permanente vivência da sagrada presença de Deus.

7) Serviço (*dasyam*) – Deus é reconhecido como o Senhor da vida e o homem como seu servidor. Assim, a liberdade do homem cresce na medida em que ele percebe que é uma criatura de Deus. A oração é uma expressão desta orientação existencial.

8) Amizade (*sakhiam*) – Quando a liberdade interior aflora, a pessoa se sente amada e valorizada por Deus, sente-se amiga de Deus e a oração se torna uma conversa íntima.

9) Autoentrega (*atmanivedanam*) – A pessoa se entrega totalmente ao Senhor, que reside em seu próprio ser, e vivencia liberdade e alegria internas. "Pertenço a Ele", exclama a alma. Neste ato de entrega experimenta-se um profundo acolhimento em Deus e um permanente acompanhamento de Deus, vê-se sua presença em tudo e vive-se em constante serenidade.

Eis alguns exemplos:

> *Minha alma tem sede do teu amor, ó Bem-amado!*
> *Este corpo é uma lâmpada e meu coração é seu pavio.*
> *Vou enchê-la com o óleo perfumado do meu amor jovem*

> *e ela vai queimar dia e noite diante do teu*
> *altar, ó Bem-amado.*
> Mirabaí (séc. XVI. Devota de Krsna),
> Kämpchen, 99.

> *Ó guru verdadeiro! Meu coração anseia por ti!*
> *Tu preenches o jarro do verdadeiro amor,*
> *bebes primeiro e o passas para mim.*
> *Retiras dos meus olhos o véu da ignorância*
> *e te mostras ante mim tal como és.*
> *Quero ser um só contigo,*
> *meu guru, meu Senhor!*
> *O que tem a temer aquele que*
> *proteges sob o teto da tua casa?*
> Kabir (1440-1518, místico e crítico social),
> Kämpchen, 99.

Na mística amorosa: A relação *eu-e-tu* com Deus se aprofunda e evolui para uma experiência de unidade. Isto ocorre em duas etapas. Primeiro, o devoto percebe Deus em si mesmo:

> *Quem me adora com amor permanece em mim,*
> *e eu nele.*
> Bhagavad Gita 9,29.

Depois vem a abençoada experiência da união:

> *Eu sou um com Ele.*
> Bhagavad Gita 7,18.

Aqui cessa a prece falada e se estabelece um profundo silêncio. No silêncio do coração só se escuta o murmúrio do nome de Deus. Às vezes símbolos vêm à tona, mas quando se atinge a plena fusão com o Divino, desaparecem os nomes e as imagens. Só fica o amor. Eis um exemplo:

> *Quero morar na terra do amor e construir uma*
>   *casa do amor.*
> *Quero viver na esperança do amor*
> *e no amor passar minhas horas.*
> *Eu me desfaço do cansaço e*
> *de coração aberto aguardo a chamada do amor.*
> *Vou mergulhar nas águas do amor,*
> *pintarei os olhos com o lápis do amor.*
> Chandidas (15. Séc. XV, Místico da tradição
> Krishna de Bengala), Kämpchen, 98.

A oração no caminho da contemplação (*jnana*)

Na religiosidade popular: A meditação disciplinada é pouco frequente na prática religiosa popular, mas percebe-se uma cultura do silêncio em longas audições de ensinamentos dos mestres espirituais ou em vigílias noturnas de assistência a representações místicas. Portanto, o hinduísmo tem uma antiga tradição de aprendizado com os mestres, as pessoas se sentam por longo tempo ao redor dos mestres espirituais e escutam suas explicações sobre as escrituras e narrativas. Isto é uma forma de oração. Nas grandes festas religiosas são encenados eventos benéficos dos mitos, com dança e música, gestos e pronunciamentos, hinos e cantos. Clássicas peças teatrais místicas – tais como *Ramlila Kathakali, Kathak* e *Bharatanatyam* – às vezes duram uma noite inteira. Os respeitosos ouvintes entram no clima das narrativas místicas e participam delas com entusiasmo. Tudo isso purifica a psique e amplia a consciência. E também é uma forma de oração entre o povo. Inúmeros locais de peregrinação recebem milhões de pessoas. Peregrinar de acordo com as devidas prescrições ascéticas é uma forma de oração que reflete o curso da vida: A pessoa reflete sobre si mesma e passa a perceber melhor os outros caminhos de vida. Algumas pessoas esclarecidas – homens e mulheres – são vistas como *Bhagavan* e veneradas como encarnação da presença divina. Sentar-se com respeito ao seu redor é uma experiência orante que, para muitos, significa salvação e bênção. Eis um exemplo:

> *Do irreal, leva-nos ao real,*
> *da escuridão à luz,*
> *da morte à imortalidade.*
> Oração clássica dos peregrinos, Brihadaranyaka Up. 1.3.28, Kämpchen, 98.

Na mística esclarecida: O conhecimento (*vijnana*), transmitido pela audição, aprofunda-se e transforma-se em sabedoria (*jnana*) na meditação. Os mestres mencionam três fases no processo da prece: *sravana* (ouvir), *manana* (refletir) e *nididhyasana* (meditar).

O hinduísmo tem uma antiquíssima tradição da prática da meditação disciplinada. As origens capitais da tradição mística estão nos *Upanishads* (900-300 a.C.). Os mestres e discípulos dedicam-se ao caminho da introspecção e se perguntam:

> Quem comanda a mente para que ela se dirija
> aos seus objetivos?
> *Quem faz o Prana pulsar com a vida?*
> *Quem faz o homem falar?*
> *Qual o poder que dirige os olhos e os ouvidos?*
> Kena Upanishad 1.1., Bäumer, 67.

Lá nos *confins do coração*, os mestres dos *Upanishads* veem mais o Divino do que o *eu* absoluto, o elemento subjetivo mais profundo da consciência, *"pelo qual e no qual o cosmo existe"* (*Taitireeya Up.* 3.1). Para se chegar a esta visão, os mestres recomendam a repetição do mantra *"om"*.

> *Segura o arco das escrituras, coloca nele a*
>   *flecha da devoção;*
> *tensiona a corda da meditação e acerta o alvo,*
>   *o Ser.*
> *O mantra é o arco; o aspirante, a flecha; o Ser,*
>   *o objetivo.*
> *Estica agora a corda da meditação,*
> *e atingindo o alvo, sê uno com Ele.*
> Mundaka Upanishad, 2,2,3-4, Bäumer, 144.

Meditação é o caminho que leva à percepção da unidade (*yoga*) do ser *eu* humano com o *eu* divino (*Atman*).

> *Quem vivencia o Atman pela meditação vivenciará tudo.*
> Brihadaranyaka Upanishad 2.4.5.

> *Reconhecer todos os seres no divino Atman e reconhecer o Atman em todos os seres.*
> Isa Upanishad 6.

> *Quem vê o divino Atman no próprio coração vê o Atman em tudo.*
> Brihadaranyaka Upanishad 4.4.23.

A mística dos *Upanishads* superou a prática da solidão, que antes era a base da filosofia Advaita.

Nos *Yogasutras* de Patânjali (séc. VI a.C.), encontramos uma exposição sistemática do caminho da meditação. Assim ele descreve os oito caminhos do aprofundamento:

1) *Yama* (valores morais): não violência (*ahimsa*), sinceridade (*sathya*), restrição ao necessário (*asteya*, literalmente "não roubar"), continência (*brahmacharya*) e modéstia (*aprigraha*).

2) *Niyama* (regras ascéticas): pureza (*saucha*), aceitação (*santosha*, literalmente 'satisfação'), renúncia (*tapas*), estudo (*swadhyaya*) e adoração a Deus (*Isvara-pranidhana*).

3) *Asana* (posturas e movimentos corporais).

4) *Pranayama* (controle da respiração).

5) *Pratyahara* (introspecção).

6) *Dharana* (concentração).

7) *Dhyana* (meditação).

8) *Samadhi* (experiência mística).

O objetivo final e a bênção da prece no caminho *Jnana* é a experiência da unidade. Alguns exemplos de oração neste sentido:

> *Mergulhamos com reverência*
> *na luz venerável do sol divino,*
> *que penetra a terra, o céu e as profundezas.*
> *Que Ele encha nossa consciência de poder!*
> Prece diária hindu, na qual se pede, pela manhã, a bênção da luz divina (Gayatri Mantra, Rig Veda, 3.62.10., Painadath, 21).

> *Para onde me volto, se não há lugar onde não estejas?*
> *Tu vives em todos os seres e, no entanto, refulge sobre todos.*
> *És a essência da relva, das árvores, de tudo que respira e não respira.*
> *És o ouvido do universo, és presente em todas as formas,*
> *Tu permeias tudo.*
> Gopaladasa (séc. XVIII, místico e poeta do Sul da Índia), Kämpchen, 86.

Deus de misericórdia e amor,
Tu és onipresente onipotente e onisciente.
És o guia interior em todos os seres.
Dá-nos coração sábio, visão serena e equanimidade,
fé, devoção e sabedoria.
Dá-nos o poder interior do espírito,
para dominar os sentimentos e controlar os pensamentos.
Livra-nos do egoísmo, dos vícios, da ganância, da ira e do ódio.
Enche os nossos corações de energia divina.
Que possamos reconhecer-te em todos os nomes e formas,
que possamos servir-te em todos esses nomes e formas,
que possamos ter-te sempre diante de nós,
que possamos sempre cantar-te louvores.
Teu nome está sempre em nossa voz,
que então possamos viver em ti – hoje e por toda a eternidade.
Swami Shivananda (1887-1963, mestre e místico do Himalaia. Painadath, 125).

A oração no caminho da ação (*karma*)

Na religiosidade popular: Desde os tempos védicos já havia a ideia de que o cosmo deve sua existência e vida ao poder divino e, portanto, o ser humano deve reverenciar e proteger as fontes de vida da natureza. Mais tarde, elas vieram a ser vistas na forma de divindades (*devas*), o que originou e desenvolveu cultos detalhados às mesmas. A aplicação correta das práticas leva o devoto a uma harmonia singular. Desse modo, os ritos védicos (*yajnas*) e os diversos tipos de adoração (*pujas*) que os sacerdotes (*brahmanes*) celebram se desenvolvem na religiosidade popular. A participação nesses atos sagrados é, para o hindu, uma forma efetiva de oração, uma atuação ativa em prol do bem do mundo e da harmonia da natureza.

Nos rituais sagrados, o hindu vivencia uma presença autêntica de Deus. A nova imagem (*murti*) central do templo é consagrada com rigorosos preceitos ritualísticos e transportada com enlevos divinos. Em seguida, é atendida com grande respeito: à noite é colocada para dormir, de manhã é despertada, ritualmente banhada, vestida, alimentada e venerada. Os fiéis depositam flores diante dela, como símbolo de sua autoentrega à divindade, acendem lamparinas de óleo, como sinal de seu zelo para com Deus, e queimam bastões de incenso, como expressão de sua devoção. O amanhecer e o entardecer (*sandhyas*) são momentos ideais para a meditação e a entrega de oferendas a Deus. Os movimentos corporais têm grande importância na prece: as formas de Deus são adoradas com as mãos postas, ou estendendo-se ao chão (*pranamam*), ou dando-se diversas voltas ao redor do templo (*parikrama*). De manhã bem cedo, um olhar (darsan) para uma imagem no templo é, para o hindu, uma bênção para o resto do dia. Eis mais dois exemplos de oração:

> *Ó Agni, tu és nosso provedor, és nosso pai.*
> *Somos teus irmãos, tu és nossa fonte de vida.*
> *És o mantenedor da ordem cósmica;*
> *em ti estão guardados centenas, milhares de tesouros.*
> *Trago-te uma oferenda, rezo a ti.*
> *Nós clamamos por ti, pois és merecedor de adoração.*
>
> Prece ao deus do fogo (Agni), pronunciada em ritos védicos (Rig Veda 1.31.10; 10.41.1), Kämpchen, 90, 24.

> *Sou aquele que reza à tua porta, erguendo os braços em súplica.*
> *Concede-me uma pequena dádiva, meu deus piedoso.*
> *Guarda-me de não alcançar-te e nada receber de ti.*
> *Tuka, o pobre, pede uma graça, ainda que não a mereça.*
>
> Prece ao deus do fogo (Agni), pronunciada em ritos védicos (Rig Veda 1.31.10; 10.41.1), Kämpchen, 90, 24.

Na mística aprofundada: Quando as pessoas agem e vivem de modo correto, estabelece-se uma plena integração (*dharma*) no mundo. Deus constrói um mundo alicerçado no *dharma* (*Bhagavad Gita*, 4,6-8) e os povos são solicitados para formar as "fundações". A ética hindu tem uma base mística e a prece desperta na pessoa esta função. Com uma postura de dedicação durante a prece, o *eu* afetivo dá passagem ao si-mesmo (*self*) profundo, que vem à tona.

> *Desempenhe seu dever com equilíbrio, ó Arjuna, abandonando todo o apego a sucesso ou fracasso. Tal equanimidade chama-se yoga.*
> Yogastah kuru karmani, Bagavad Gita 2,48.

Tal é o clamor dos mestres espirituais. Já não se age mais em busca de posses ou posição, mas pelo bem de todos os seres (*Bhagavad Gita*, 3,25; 5,25). Na oração, experimenta-se a união mística com Deus no interior da alma e percebe-se a sua presença em todas as coisas. E, assim, a oração tem seu componente social. "Pela purificação de si mesmo e pelo bem do mundo" (*atmano mokshartam, jagad hitayacha*) – assim o grande reformador Vivekananda (1863-1902) definiu o resultado da oração, o que converge com o ideal cristão: *contemplativus in actione* (manter-se contemplativo em qualquer atividade). Eis um exemplo:

*Senhor da humildade, que habitas na cabana
 do pária
ajuda-nos a chegar a ti em toda esta terra
 abençoada.
Dá-nos a receptividade, dá-nos de coração
 aberto,
dá-nos a tua humildade, dá-nos a capacidade e
 a vontade
de nos identificarmos com as massas da Índia.
Ó Deus, que sempre ajudas onde existe
 humildade autêntica,
faz com que não nos afastemos das pessoas
de quem podemos ser servos e amigos.
Deixa-nos personificar o autossacrifício,
a realização da piedade,
a humildade em pessoa, para que
conheçamos bem a terra e a amemos mais.*
Mahatma Gandhi (1869-1948), Painadath, 117.

*Senhor, esta é a súplica que dirijo a ti:
fere, fere pela raiz a avareza em meu coração.
Dá-me forças para suportar alegremente
 minhas alegrias e tristezas.
Dá-me forças para que meu amor frutifique em
 serviço.
Dá-me forças para que eu nunca despreze o
 pobre,
nem dobre meus joelhos diante do poder
 insolente.
Dá-me forças para elevar minha mente
muito acima da pequenez do dia a dia.*

> *E dá-me forças, finalmente,*
> *para entregar com amor minha força à tua vontade.*

Rabindranath Tagore (1861-1941, poeta sábio e místico bengalês), Tagore, 44.

Eu gostaria de concluir esta reflexão com uma antiga bênção indiana:

> *Que todos estejam bem,*
> *que todos tenham paz,*
> *que todos tenham a plenitude,*
> *que todos sejam abençoados.*
> *Que tudo corra bem,*
> *que todos sejam livres de doenças,*
> *Que todos vejam o que é bom,*
> *Que todos sejam poupados do sofrimento.*
> *Paz em nós! Paz em tudo! Paz em toda parte!*

Painadath, 133.

Referências

BÄUMER, B. *Upanishaden* – Die Heiligen Schriften Indiens meditieren. Munique, 1997.

KÄMPCHEN, M. *Ignatius Puthiadam: Endloss ist die Zeit in deinen Händen* – Mit den Hindus beten. Kevelaer, 1978.

TAGORE, R. *Gitanjali*. Friburgo, 1958.

PAINADATH, S. *Wir alle sind Pilger* – Gebete der Welt. Munique, 2010.

ABADESSA DIADORA

A mística no cristianismo ortodoxo

Eis-me aqui com uma tarefa difícil: falar sobre a mística na Igreja Ortodoxa. Bem que eu preferia me calar e deixar que o Espírito Santo falasse, porque, embora estejamos hoje bem guarnecidos de termos e ensinamentos, ideologias e promessas, e as lojas cheias de livros e revistas, sentimos o imenso vazio de um tédio insuportável. É que as nossas almas não precisam de palavras nem promessas, e sim de experiência real e da presença de Deus. Enfim, como vou abordar este assunto? Como vou me meter a definir o indefinível e transmitir com palavras o que não pode ser dito?

Como no caso da águia, que voa solta nas alturas e não quer ir para a gaiola e acabar morrendo de infelicidade, assim a profundidade também pode esmorecer e morrer se a engaiolamos na aridez da descrição e da tentativa de explicá-la. Como falar de Cristo, sem amá-lo, sem estarmos preparados para entrar na realidade de Deus, na arena da luta com a gente mesmo?

Só para atender ao meu honradíssimo pai espiritual Geronda, arquimandrita Dionísio, abade do sagrado Mosteiro de Petra da Diocese grega de Tessália, é que, com sua bênção e a ajuda de Deus, eu me atrevo a tentar abordar o tema com palavras.

O termo "mística" deriva da palavra grega *mysterium* (μυστήριον). A mística é a tentativa humana de aproximar-se do mistério de Deus, de conhecê-lo. Trata-se de um conhecimento interior, inexprimível, espiritual, algo que se tem pela experiência, uma vivência da alma, com o objetivo de uni-la a Deus, um conhecimento que não se aprende nos livros, que só pode ser obtido através da experiência. Os Santos Pais dizem: "Dá teu sangue e recebe espírito".

A oração do coração é o caminho para a experiência máxima da mística. Não é um método autônomo, que se possa separar do contexto da tradição, no qual está sua origem. Não é uma técnica que, por si só, garante êxitos e progressos no caminho espiritual. É, na verdade, um fator – e, em sua forma pura, uma expressão – de nossa busca espiritual pela paz da alma e pela unidade com Deus, nosso Criador; essa busca faz parte da vida da Igreja, juntamente com a participação ativa em seus mistérios e sua tradição viva.

Temos sede do Espírito Divino, desejamos, ansiamos por conhecer o insondável Reino de Cristo, por sua graça, sua glória e sua palavra.

Mas, como fazê-lo? Como podemos obter conhecimento de Deus? O que significa "Dá teu sangue"? Em que preciso mudar, o que devo fazer para alcançar Deus? Por que precisamos de um preparo interno, uma purificação da alma?

A alma está doente e é bom curá-la. Só uma alma sã – que se dirige a Deus e conversa com Ele no recolhimento da cela – pode participar da luz e da inexprimível glória de Deus.

Mas a purificação é árdua, tão apegados que somos ao mundo, tão mais fácil que é ficarmos envolvidos no seu tumulto, com todos os nossos desejos e esforços voltados para a satisfação física, ou seja, isso que hoje chamamos de "bem-estar". Desse modo, a essência da alma fica debaixo de um amontoado de hábitos adquiridos e paixões, que precisamos "tirar de cima".

Dizem os Santos Pais que bem-estar e satisfação físicos nos tornam insensíveis, alienados e duros[1]. Com riqueza e prosperidade, ficamos conformados, indiferentes e centrados em nós mesmos, nossa "oração" é um monólogo e não nos aproximamos de Deus.

A expressão "dá o teu sangue" refere-se precisamente a esse trabalho difícil de "desenterrar" a alma, removendo o amontoado dos nossos maus atos, com humildade e autocrítica, dispostos a reconhecer e definir nossas falhas, afastando-nos e livrando-nos delas.

Só arrependidos e resolutos a encarar nossas falhas de frente, e lamentá-las com o coração contrito, é que podemos nos libertar do cárcere das paixões e dos sofrimentos causadas por elas. As lágrimas vertidas pela percepção do mal que fizemos são o *sangue*, que se mescla ao sangue que Cristo verteu por nós.

Segundo São Gregório Palamas, bispo de Tessália, o amortecimento dos sentidos pela pobreza e humilhação do corpo – isto é, fome, sede, mal-estar físico e privações – não trazem apenas a contrição, mas também as lágrimas[2], lágrimas que nos libertam das paixões, lavam a alma e nos enchem de alegria espiritual, porque Deus é bom e misericordioso e nos perdoa na pessoa do Espírito Santo, o Paráclito.

Essa transformação da turbulência em alegria é, para o monge, uma vivência diária. A tristeza os torna alegres e abençoados; abstinência e restrição de comida os levam à contrição do coração, ele chora por suas limitações humanas e se alegra pela Ressurreição do senhor. É o tipo da tristeza que alegra, o *sangue* que damos e o espírito que ganhamos.

Atualmente, o termo *pecado* tem uma conotação negativa. Em tempos remotos, quando tudo era permitido, quando não havia impedimento algum para se fazer ou cogitar o que se quisesse, quem falasse de pecado seria motivo de riso. Deus nos fez livres, temos a liberdade de fazer o bem ou o mal, podemos fazer o que bem entendermos – só que nem tudo é útil e bom para nossa alma. Se fazemos o mal, prejudicamos a alma, cuja forma original foi feita à semelhança de Deus, isto é, à sua imagem. A cada pecado que se comete, a alma é tão avariada, ou "manchada", que, no decorrer dos anos, afunda cada vez mais no lodaçal dos maus atos, sofrendo com as chagas abertas e não curadas, causadas por nós mesmos.

Os sofrimentos são tão intensos que a nossa maior preocupação neste mundo é encontrar meios de suprimi-los. Neste sentido, procuramos o bem-estar do corpo – através de prazer, divertimentos, álcool, drogas, sedativos, atividade excessiva, trabalho excessivo – e assim não enxergamos os verdadeiros problemas, o que realmente nos faz sofrer, nos cansa e atormenta. E não podemos entender que, nesta era da tecnologia, na época do "tudo-é-possível", o ser humano continua a ser – de corpo e alma – o que sempre foi ao longo de séculos e milênios, isto é, uma criação de Deus, que tem o anseio e a necessidade de se comunicar com seu Criador, interagir com Ele, dele receber força e absorver plenamente a sua graça.

Atualmente, achamos que podemos fazer e alcançar tudo, achamos que nossos êxitos se devem às nossas próprias capacidades. Tentamos nos convencer de que "está tudo em ordem", que tudo o que fazemos vai bem, que basta sermos boas pessoas e não precisamos rever nada em nós mesmos. Não gostamos de falar em *pecado*, por causa da conotação atual do termo. Achamos que, se as intenções são boas, não importam as consequências, portanto não incorremos em falha ou culpa.

Hoje desconhecemos o significado original de *pecado*, isto é, uma doença que pode ser curada. O *pecado* não é um delito, pelo qual devamos ser eternamente condenados e "carimbados" com a marca de "pecador" e "transgressor". O pecado não tem nada a ver com nossa natureza humana, nem com a essência da nossa alma; é só uma tentação, não está *em nós*, é uma coisa que vem de fora, recalcando as forças e estimulando as fraquezas do espírito, retirando o poder e prejudicando a alma[3]. É preciso entender isso muito bem, pois, assim, obtemos nova perspectiva e força para lidar com a vida e, ao mesmo tempo, assimilar nossas experiências. Aí tudo se torna possível: podemos nos modificar, optar conscientemente por um novo rumo, não somos mais "marcados com ferro em brasa", não somos mais escravos das nossas paixões, mesmo que não possamos nos desfazer delas. Transgressões, quedas e pecados são tentações que não podemos evitar, mas elas não controlam mais nossa conduta, o que fazem é ofuscá-la aos poucos, até a alienação total.

O mal que nós mesmos fazemos à nossa alma pode ser sanado, desde que reconheçamos e identifiquemos nossos erros. Esta percepção é um dos mais difíceis processos, porque requer um certo afastamento e desconexão de nós mesmos, para que possamos ver com clareza, sem medo da condenação, nem da perda do amor de Deus por causa de certas coisas que já fizemos. O reconhecimento de nossas próprias falhas exige tanto coragem e determinação quanto a fé e a certeza de que o amor de Deus é incondicional, embora só possamos receber plenamente sua misericórdia e amor quando formos humildes e autocríticos o suficiente para reconhecermos e nos arrependermos das nossas fraquezas. A realização completa ocorre quando enxergamos a forma ideal, a beleza original na qual Deus nos criou e que devemos reencontrar e recuperar.

O arquimandrita Sofrônio de Essex diz que, se cometem alguma falta, a pessoa apegada à matéria e a espiritualizada têm reações emocionais diferentes:

Após cometer um mau ato, o homem carnal não sente alteração alguma em si próprio, porque vive em constante morte espiritual,

> *porque jamais vivenciou a presença do eterno Espírito de Deus. Já o homem espiritual, toda vez que seus desejos começam a tender para o mal, detecta logo uma alteração em si, pois sente a redução do estado de graça.*

A preparação espiritual, no sentido de uma purificação da alma pelas lágrimas do arrependimento, é acompanhada por uma preparação corporal, sem a qual não se pode alcançar a paz da alma, nem se consegue praticar uma oração com pureza. Esta preparação física é a ascese, a qual muitos Santos Pais de diversos séculos descreveram como sendo o exercício necessário a todos que se dedicam ao caminho da espiritualidade. A ascese leva ao autocontrole e à concentração espiritual. Se não aprendemos a ser senhores de nós mesmos e a domar nossos corpos, como poderemos olhar para Deus frente a frente e falar com Ele em oração?

Evágrio Pôntico – monge do século IV, filho espiritual de São Basílio de Cesareia, um dos grandes Pais da Igreja e autor das regras que deram base e orientação à sua comunidade monástica ortodoxa – nos explica bem claramente o que se deve fazer para ganharmos o domínio de nós mesmos[5]. Ele separa os fatores internos opressivos e perturbadores dos elementos construtivos e benéficos. Na ascese monástica, que é uma luta interior sem pausa, é preciso saber distinguir o que nos orienta daquilo que nos prejudica interiormente.

Evágrio contrapõe a gula à prudência e à moderação, considerando-a um produto da devassidão, o extremo oposto da serenidade, do amor ao sossego e da continência.

Ele também menciona a ganância, o extremo oposto da renúncia, contrapondo as atividades agitadas dos cobiçosos às práticas tranquilas da leitura e da prece. A raiva corrói o coração por dentro, ao passo que a benevolência lhe dá vida. A aflição é um acabrunhamento da alma, originado pela irritação de um desejo não realizado, mas pode ser sanada pelo pleno amor a Deus. O tédio é um afrouxamento da alma, sua cura é estabilização e pleno exercício, com intenso zelo, fé em Deus e perseverança. Mais adiante, Evágrio fala da vaidade e diz que aquele que pretende vencê-la deve orar em seus aposentos particulares. Por fim, ele define a soberba como origem de todos os pecados, comparando-a a um repugnante tumor na alma, a atitude daquele que atribui todas as realizações a si mesmo e a mais ninguém.

Esta lista das partes negativas da alma é de grande ajuda para entendermos que pecado não é só assassinato, roubo, adultério e mentira, mas tem muitos outros aspectos e sutilezas, que precisamos perceber, identificar e corrigir, para aperfeiçoarmos nossa alma.

Portanto, é indispensável entendermos que o pecado é uma tentação contra a qual podemos aprender a nos precaver, para obter a capacidade de não cedermos a ela. Somos livres para optar pelo edificante e evolutivo ou pelo destrutivo. Não somos condenados a pecar nem somos escravos das paixões.

O reconhecimento das nossas falhas é seguido da confissão em um diálogo com nosso pai espiritual. No difícil caminho do aperfeiçoamento não estamos sós, pois temos um pai espiritual que podemos procurar e em quem podemos confiar. Ele nos orienta e, tal como um pai leva o filho pela mão, nos leva àquele pelo qual nossa alma anseia, leva-nos a Deus. Na confissão, expomos nossos maus atos, tropeços, nosso insucesso em afastar as tentações que oprimem a alma, nossa contínua incapacidade de tomar uma decisão de não cairmos mais nas garras das tentações.

O confessor nos ajuda a obter forças contra as nossas tendências ruins. É como um *personal trainer* da alma, como um espelho que reflete as nossas falhas, aquele por cujo amor incondicional, e com sua oração, nos ajuda a vencê-las. A confissão das nossas culpas diante de um confessor é importante, pois requer a humildade de nos expormos a outra pessoa que nos pode dar o perdão. É aí que está a grande diferença com relação à psicoterapia[6], na qual aprendemos a analisar e conhecer nosso interior com a orientação e assistência do terapeuta, no qual, porém, não vemos um pai que não julga e com quem adquirimos um relacionamento espiritual, que nos apoia e orienta com sua profunda experiência humana e mística e seu conhecimento de Deus.

Há o grande perigo de ficarmos soberbos, convencidos de que não precisamos de nenhum pai espiritual, de que podemos seguir sozinhos o caminho que leva a Deus. Assim, em vez de seguir de fato esse rumo, empacamos no nosso próprio caminho, rodando em volta de nós mesmos e perdendo tempo.

Só sob a orientação do pai espiritual é que aprendemos a ser humildes e a nos libertarmos do cativeiro deste mundo que nós mesmos criamos e onde nós próprios nos aprisionamos. Só quando nos libertamos de fato de nós mesmos é que podemos nos ligar a Deus numa oração ininterrupta, contínua e incessante.

O pai espiritual é a forma visível de um mistério guardado no Deus invisível, tudo aquilo que ocorre na fé e não se vê, mas se vivencia no espírito.

Notas
[1] Cf. VATOPAIDI, E. *Die Metanie gemäss dem Hl. Gregor Palamas* [A metania segundo São Gregório Palamas] [disponível

em: http://www.prodomos-verlag.de/Ephrem-Vatopedi_Me tanieGregorPalamas.pdf, 30.01.2013].

[2] Ibid.

[3] Cf. HAMILTON, C. *Der Innere Feind* – Ein Interview mit Archimandrite Dionysios [O inimigo interior – Uma entrevista com o Arquimandrita Dionísio].

[4] Cf. ESSEX, S.v. Über das Wesen der Sünde [A natureza do pecado]. In: *Stariets Silouane* [Monge do Monte Atos: Vida, Doutrina, Escritos]. Paris/Sisteron, 1974, p. 33-34, 44-46.

[5] Cf. EVAGRE LE PONTIQUE. *Traité pratique ou Le moine* [Tratado prático ou o monge]. ed. A.; C. vol. 2. Paris: Guillaumont, 1971 [SC 171].

[6] Cf. KAVKIOS, N. *Συσχέτιση εννοιών της θεολογίας και της ψυχολογίας* [disponível em: http://psyche.gr/prooptikes1.htm].

[7] Cf. SIMOPETRITES, A. *Νηπτική ζωή και Ασκητικοί κανόνες*: Ερμηνεία στους Οσίους Πατέρες Αντώνιο, Αὐγουστίνο και Μακάριο. Atenas, 2011, p. 500s.

A ORAÇÃO NO SÉCULO XXI
CHANCES E PERSPECTIVAS

Fidelis Ruppert, OSB

O poder de transformação da oração falada

1 Ler a Bíblia simplesmente, simplesmente rezar a Bíblia

Eu gostaria de começar observando um aspecto talvez pouco mencionado: estamos acostumados a observar a Bíblia de modo analítico, geralmente questionando veracidades históricas e precisões de tradução. Em tempos remotos também ocorriam questionamentos assim, mas há, na tradição, uma atitude diferente e espiritual de se lidar com a Bíblia: simplesmente ler.

Vale lembrar que, em tempos remotos, a Bíblia costumava ser lida em voz alta. Na Antiguidade, quase sempre se lia assim. Já vi muita gente se surpreender quando experimenta ler a Bíblia pronunciando as palavras. Elas se tornam imediatamente concretas, convincentes. E não param na mente, vão além, alcançam níveis mais profundos.

Façam uma experiência: rezem em voz alta, não só em pensamento, façam como se estivessem falando com alguém. De repente, a prece ganha maior efeito. E, se quiserem, experimentem rezar no sotaque da sua terra natal, conforme falavam na infância e adolescência, quando corpo e alma eram um só. Assim podemos rezar com a sinceridade e a inocência de uma criança. "Se não vos tornardes como crianças..."

A respeito deste modo verbal de se lidar com a Bíblia[1], Bento de Núrcia nos dá – no capítulo da Regra referente às ferramentas de trabalho usadas na escultura de imagens sacras – duas instruções que se completam mutuamente:

> *Ouvir com gosto as leituras sagradas. Prostrar-se várias vezes durante a prece.*
> Regra Beneditina 4,55.56.

Ler e rezar são atividades diferentes, mas, associando-se uma a outra, percebe-se que leitura e oração se complementam. São Jerônimo escreveu, numa carta endereçada a uma freira:

> *Carrega sempre contigo um escrito sagrado para ler. Deves rezar com frequência, curvando o corpo para alçar o espírito a Deus.*

Portanto, a freira deveria entremear a leitura com orações frequentes, prostrando-se ao chão. É uma combinação de leitura e prece, usual na vida monástica desde a alta Idade Média. Há uma variação deste método na biografia de São Pacômio, fundador de um mosteiro no Egito, no século IV. Lá se encontra o seguinte texto, escrito por um dos monges:

> *Teodoro sentava-se em sua cela e recitava trechos das Sagradas Escrituras que conhecia de cor. Toda vez que algo lhe tocava o coração, ele parava e rezava.*

Ele não lia para os monges, ele recitava textos bíblicos que sabia de cor, uma prática muito comum na vida monástica antiga. Sempre que sentia um estímulo, Teodoro começava a rezar, isto é, ele se concentrava no conteúdo do texto que proferia, de modo que entrava em sintonia com seu sentido. Sempre que alguma palavra repercutia em seu coração, ele parava onde estava e orava. Não se sabe se Teodoro fazia isso com palavras ou apenas se prostrava em silêncio. De qualquer modo, sabe-se que ele intercalava seus afazeres normais com esses momentos de oração, até sentir o coração aliviado. Alterna-se a leitura em voz alta de textos sagrados com o pronunciamento de preces pessoais, com a participação do corpo, em movimentos de levantar-se e prostrar-se. Essa constante união ativa de voz, corpo e alma desenvolve uma dinâmica interior que intensifica progressivamente a profundidade da oração, dando-lhe, também, uma base concreta no corpo.

Já praticamos essa forma de leitura meditativa em diversos cursos. Depois de cada sessão, os participantes retornavam a seus aposentos, onde deveriam abrir a Bíblia em alguma página e começar a ler *em voz alta*. Nós recomendávamos que, toda vez que uma palavra mexesse com eles, fizessem uma pausa, se erguessem, voltassem a se ajoelhar e fazer uma breve oração com suas próprias palavras, ou simplesmente ficassem em silêncio, para que o coração absorvesse a palavra. Se, nesta pausa, alguém literalmente *se joga no chão* – em vez de simplesmente aquietar-se – percebe-se logo a diferença: é que o movimento alternado de *sentar, erguer--se, ajoelhar, tornar a erguer-se* e *sentar de novo* gera uma abertura na alma e o corpo acompanha visivelmente a prece. Depois disso, continua-se a ler – até o próximo *clique*. Não é preciso absorver todo o conteúdo de um texto. Às vezes uma única palavra ou expressão nos toca de repente, como, por exemplo, "luz", "meu Deus", "chorar" ou "alegria". Recomendamos que se demore cerca de 20 a 30 minutos nessa prática.

Algumas pessoas, a princípio, irritam-se com esse exercício, porque estão acostumadas a ler depressa ou de modo puramente intelectual. Para muitos, no entanto, esse tipo de leitura meditativa funciona como uma revelação, e continuam a praticá-la por si mesmos. Muitas vezes chega-se a ficar "paralisado" com pequenos fragmentos de texto, porque muitas palavras avulsas e imagens começam a *cintilar* e é preciso silêncio para que elas continuem a fluir. O importante não é a quantidade, mas a intensidade e o silêncio interior que se estabelece.

Os monges antigos agiam de um modo semelhante, quando proferiam os salmos: o orador interrompia diversas vezes um determinado salmo, enquanto os irmãos se prostravam em silêncio; depois prosseguia.

Experimentamos esse método em nossos cursos, interrompendo três ou quatro versos de um salmo. Ao fim da prece, reinava um profundo silêncio no ambiente e entre os participantes. As palavras do salmo haviam "migrado" da cabeça ao coração e ao corpo. Neste ponto, a reflexão se torna supérflua, porque sente-se uma forte e *concreta* presença espiritual. Até o corpo físico *entende* o salmo – e se cala.

Dizem que as palavras não são para *estacionar* na cabeça, devem passar dela ao coração, de modo a serem profunda e interiormente compreendidas. Observando as duas formas de prece aqui mencionadas, podemos concluir que a prece não é para *estacionar* nem mesmo no coração, deve impregnar todo o corpo, de modo que a gente a absorva de modo pleno, integral. Assim, até o corpo a entende e reza.

2 Movimentos corporais

Aqui no mosteiro, quando participamos da liturgia, tomamos diversas posturas, ficando de pé, sentando, curvando-nos, ajoelhando, caminhando na entrada e na saída, estendendo as mãos durante o ofício, e assim por diante. Em alguns lugares os gestos são mais *moderados*. Geralmente a comunidade se senta, levantando-se na hora da saudação da paz. Só que, assim, ocorre uma redução na vitalidade e intensidade da prece.

Na Bíblia – especialmente nos salmos – há mais vibração ainda. Há danças, saltos, gritos, clamores de júbilo e lamentos, prostrações ao chão, rasgar de roupas, música com profusão de instrumentos. Nas culturas africanas, ou nas igrejas carismáticas, podemos vivenciar um nível equivalente de vibração da prece completa e corporal.

Não precisamos imitá-las, aliás nem podemos. Mas seria muito bom reviver os movimentos corporais em nossas preces pessoais e litúrgicas. Há muito a se dizer sobre os diversos movimentos corporais na oração, tanto em termos históricos quanto teológicos, observando a tradição, mas o assunto é vasto e aqui não temos espaço para tantos detalhes. Aliás, a gente não precisa se estender muito no tema. O importante é *fazer*, e, a respeito disso, só posso citar alguns exemplos, naturalmente tirados das minhas experiências concretas nos cursos que promovemos aqui.

Às vezes nos limitamos a duas posturas opostas, a *orante*, ou seja, de pé com as mãos erguidas, e a *prostratio*, isto é, estendendo-nos ao chão perante Deus. Os primeiros cristãos geralmente rezavam de pé com as mãos erguidas, era o gesto da ressurreição, a postura dos redimidos, dos filhos e filhas de Deus livres, que elevavam as mãos ao Pai celestial. Depois de manter esta posição por algum tempo, ajoelhamo-nos lentamente, inclinando e tocando o chão com a testa, ou nos estendendo completamente. Esses gestos sempre ocorrem no ponto máximo da liturgia. No início da liturgia da Sexta-feira Santa, todos se prostram ao chão por alguns momentos, sem nada dizer nem cantar. Na ordenação de padres, na Profissão de Fé ou na promoção de abades, os candidatos estendem-se no chão por longo tempo, sem pronunciar prece alguma, nada mais que silêncio e autoentrega. Quando recordo a minha elevação a abade, parece que foi ontem, pois algo ficou fortemente impresso em minha memória, e não foi o momento em que recebi o anel ou a mitra, mas aquela prostração diante de Deus – isso sim! Em nossos cursos, esse gesto também resulta numa intensa experiência interior, principalmente entre os principiantes.

Depois de alguns momentos, nos erguemos de novo, elevando as mãos lentamente. Em seguida, tornamos a abaixá-las, ajoelhamos e repetimos a *prostratio*. Esse levantar e abaixar é feito continuamente e de modo cada vez mais lento. A gente vivencia concretamente as duas posturas, a vida vibra entre os dois polos, o ficar de pé e o prostrar-se diante de Deus. Depois de realizar esta prática uma vez, estabelece-se uma profunda inteireza interior. A prece está ali – sem palavras.

Isso faz lembrar a prática das *Metanias*, muito comum no cristianismo oriental e entre os monges antigos em geral. Há registros segundo os quais alguns monges do deserto praticavam de 50 a 100 *Metanias* por dia. Como é que pode!

Às vezes praticamos sequências completas de diversas posturas oracionais. Começamos estendendo as mãos de diversas formas, de acordo com o efeito da experiência interior. Depois cruzamos os braços sobre o peito, posicionando as mãos de diversas maneiras, juntando as palmas ou fechando as mãos uma sobre a outra, com força ou de leve; depois ajoelhamos novamente, mãos estendidas, cruzadas sobre o peito, unidas e, por fim, mais uma vez, prostramo-nos ao chão. Tudo isso muito lentamente. Depois os participantes podem, cada um por si, repetir os movimentos que mais efeito lhes tenham feito; e, se quiserem, podem repeti-los em casa mesmo. Tudo ocorre com a certeza da presença de Deus e da eficácia dos movimentos corporais voltados a Ele, conforme 1Cor 6,13:

> *O corpo para o Senhor – o Senhor para o corpo.*

Pouca gente reza assim no dia a dia. Alguns desses movimentos já são malvistos logo de cara. Mas, para quem se encontra naquele astral de plenitude, eles acalmam, é impressionante ver como o espírito se abre na inteireza interior que se estabelece, é impressionante o poder espiritual daqueles movimentos físicos, capazes de substituir palavras. Sente-se no ar um estado de autoentrega, que antes não era assim tão fácil. Podemos dizer, sem erro, que o corpo começa a rezar, o próprio corpo se transforma em oração – e se cala. A esse respeito, eis um texto de Roger Schütz, o fundador da comunidade de Taizé:

> *Eu não saberia rezar sem a participação do corpo. Às vezes tenho a impressão de que eu rezo mais com o corpo que com o espírito. É uma prece de pé no chão: ajoelhar, curvar o corpo, observar o ambiente onde se está*

> *celebrando a Eucaristia [...] O corpo está ali, em sua total presença, para ouvir, sentir e amar. Para mim, seria ridículo querer prescindir do corpo*[3].

Com certeza, seria ridículo a gente achar que não precisa do corpo. Gabriel Bunge menciona um texto de um antigo monge segundo o qual a prece *física* pode ser de grande ajuda quando temos dificuldade de rezar. Se não sentimos mais efeito com nossas orações usuais, é só ficarmos na cela, caminhar de um lado para o outro e praticar *Metanias*. Essa expressão corporal funciona como oração, até o final da crise.

É bom saber que basta rezar só com o corpo mesmo e aguardar com paciência que a alma recupere a disposição para a prece. O corpo, neste caso, é um ótimo recurso.

Para concluir, vejamos mais um tipo de atitude corporal, conhecida como a *postura da bênção*, que consiste em erguer a mão para abençoar alguém, às vezes fazendo-lhe um sinal da cruz sobre a testa. Fulbert Steffensly fala de diversas experiências que teve com essa forma de bênção[4]. São exemplos impressionantes do intenso efeito do toque físico. Aqui na abadia, alguns, muitas vezes, querem uma bênção assim, em vez da hóstia, na hora da comunhão. Já vi muita gente até chorar ao leve toque da minha mão fazendo a cruz sobre sua testa. O toque físico pode ser uma forma de prece.

3 As cinco virtudes corporais

Gerhard Riedl, um bom amigo meu, psicólogo e, também, muito vivido no caminho espiritual, fala de "cinco virtudes corporais". Segundo ele, são os atos de deitar, ajoelhar, ficar de pé e andar. Com isso, ele quer dizer que a saúde de uma pessoa depende de um modo *correto* de se deitar, ajoelhar, ficar de pé e caminhar, ou seja, em pleno estado de consciência de cada uma dessas cinco posturas. É emocionante praticá-las em grupo e sentir a vivacidade que emerge no corpo e na alma. Para mim, a expressão *"virtudes* corporais" diz tudo. Uma virtude é um hábito, algo que fazemos com frequência, um elemento incorporado à natureza de cada um. Não é uma coisa que se programa — como nos exercícios ou nos cursos de meditação, nem durante uns quinze minutos pela manhã ou à noite. É claro que isso também é importante, mas estamos falando no sentido de tornar essas práticas um hábito espontâneo, de modo que estejamos plenamente nelas no cotidiano, natural e automaticamente. Segundo Gerhard Riedl, está claro que não é algo unicamente físico, mas um comportamento *integral* que, por fim, nos leva à profundidade do espírito. Assim começa o Salmo 139:

> *Senhor, tu me sondas e me conheces,*
> *sabes quando me sento e quando me levanto.*
> *Discernes minha caminhada e meu descanso*
> *e estás a par de todos os meus caminhos.*
> *Tu me envolves por trás e pela frente,*
> *e pões sobre mim tua mão.*

Aí são mencionadas quatro das cinco virtudes corporais. O salmo fala de sentar e levantar, descansar e caminhar, e tudo na presença de Deus, que nos envolve com amor e põe sua mão sobre nós.

Andar, levantar, descansar, ajoelhar e sentar não são virtudes puramente *corporais*, mas também posturas de prece, que, gradualmente, também vão tomando a forma de *virtudes*, ou seja, tornam-se um hábito enraizado. Aos poucos, passamos a viver no poder espiritual de levantar, andar, sentar, e assim por diante.

A respeito do levantar e do caminhar, eu gostaria de frisar que os salmos falam muitas vezes sobre *ficar sobre pedras*. Deus é a pedra segura, onde a gente pode ficar sem receio. Os monges do deserto egípcio costumavam adotar uma pedra plana como seu local particular de oração – um constante símbolo de Deus, que é a nossa *pedra*. Em nossos cursos costumamos imaginar que estamos sobre um chão de pedra, uma atitude que, por si só, já é uma prece. Onde quer que estejamos no dia a dia, até mesmo, por exemplo, esperando uma condução, podemos evocar mentalmente essa postura de fé: estar sobre uma pedra, estar apoiado em Deus. Muita gente que participa dos cursos considera esta prática a mais importante para a vida cotidiana. Quando a postura correta se transforma numa virtude corporal, passa logo a ser uma expressão da fé e da prece, que se tornam constantes. A postura faz o corpo rezar – sem palavras – em plena rotina diária.

O mesmo ocorre com o caminhar. A procissão litúrgica – como a de entrada e a de saída – já é uma prece, um componente essencial da celebração. Hoje, caminhar como peregrino tornou-se um importante recurso de experiência espiritual. Muitos peregrinam porque já são devotos, mas também há aqueles que o fazem à procura de espiritualidade ou interiorização, sem saber exatamente o que é isso. Para muitos, o caminhar é uma porta para vivências místicas.

É surpreendente a recente ocorrência de publicações sobre o *caminhar*, em suas diversas formas[5]. Há significativos relatos sobre peregrinações semanais. Há pouco tempo, li a respeito de um homem que perdera a fé, mas, depois de velho, voltou a procurá-la. Foi a diversos lugares santos, mas não adiantou. Então, caminhou por uma semana, totalmente só, por uma rota de peregrinação. Nisto, foi-lhe ocorrendo gradualmente a ideia de que algo de profundo estava acontecendo. Dizia ele que, até então, nada vira de especial no caminho, mas despontava nele alguma coisa que não sabia explicar e queria caminhar mais uma semana, para que "aquilo se tornasse mais nítido".

Os salmos também enriquecem este assunto. Há uma boa quantidade dos chamados "salmos de peregrinação", cantos de tema itinerante, cantos sobre o anseio de chegar ao lugar santo. Henry David Thoreau escreveu, certa vez, que, para ele, a caminhada sempre tinha uma dimensão espiritual, como uma constante ida à Terra Santa, até o dia da chegada. Podemos lembrar também as palavras de Novalis:

Para onde estamos indo? Sempre para casa.

Não é preciso "espiritualizar" cada passo. Porém, se algo de profundo se manifesta progressivamente em nosso caminhar cotidiano, ele também é uma forma de oração, uma liturgia particular em meio à rotina.

4 Imagens

No entanto, mais importante que todos os movimentos corporais é o *fato* de que o próprio Deus está em nosso corpo. Há, na Bíblia, uma série de referências a isto:

> *Não sou eu quem vive, mas o Cristo vive em mim.*

Assim diz Paulo. Coisa difícil de crer, Cristo vivendo em nós, Cristo nos preenchendo. Eis outra frase de Paulo:

> *Não sabeis que vosso corpo é um templo do Espírito Santo, que reside em vós?*

Meu corpo, um templo! Pode-se dizer muitas coisas sobre o corpo, mas ele também é um templo. Basta saber disso, não precisa refletir, é simplesmente assim. E isso me alegra. Paulo também diz:

> *Eu me revisto de Cristo.*

Ou ainda:

> *Tende Cristo sempre como se fosse um traje!*

Isto significa: estar *envolto* pelo Cristo, como se fosse uma roupa. Há nos salmos uma imagem parecida:

> *Pois tu, Senhor, abençoas o justo e, como escudo, o cercas de tua benevolência.*
> Sl 5,13.

Estar cercado pela benevolência divina, estar escudado, como que coberto por um manto de luz. Paulo refere-se a tal segurança, comparando-a com uma *armadura de Deus*: na fé, somos protegidos por Deus, quando temos que lutar com o inimigo.

Todas essas imagens semelhantes referem-se à presença absoluta de Deus em nosso corpo, esse templo que levamos sempre conosco. Nos cursos, usamos uma prática de *caminhar com uma palavra*, ou seja, de modo que a palavra – a imagem – se instale no corpo, sem pensar, sem refletir, simplesmente deixar correr. Agindo-se assim, a imagem impregna o corpo da *presença* – presença de Deus. Os participantes constatam cada vez intensamente como esta prática os leva a uma atitude contemplativa em plena vida cotidiana, aprofundando, por um lado, a autoentrega a Deus e, por outro, proporcionando força interior para encarar as dificuldades do dia a dia. Isto é, aprofundamos progressivamente o nosso apoio *concreto* em Deus e, com isso, adquirimos o controle do nosso *concreto* dia a dia. Eis aí uma prova de que a vida física e diária pode combinar perfeitamente com a vida espiritual.

Portanto, a "oração corporal" consiste em – estando plenamente *presentes* em nosso corpo, estando plenamente *com* nós mesmos – abrir a porta interior para o *espaço* que as palavras não conseguiam adentrar. Podemos ter essa experiência tanto nos momentos de oração quanto em plena vida diária, na medida em que percebemos que o corpo está sempre conosco – funcionando como uma ferramenta espiritual.

Portanto, basta praticar! Mais nada. Simplesmente façamos!

Notas

[1] Cf. RUPPERT, F. *Geistlich kämpfen lernen*, p. 99-106 [o capítulo: Der Leib beim Beten].

[2] Cf. BUNGE, G. *Irdene Gefässe* – Die Praxis des persönlichen Gebetes nach der Überlieferung der heiligen Väter. Wüzburg, 2009. ♦ GRÜN, A. & REEPEN, M. *Gebetsgebärden*. Münsterschwarzach, 2002. ♦ Cf. a referência na nota 1.

[3] GRÜN, A. & REEPEN, M. *Gebetsgebärden*, p. 13.

[4] Cf. STEFFENSKY, F. Segnen – Skizzen zu einer Geste. In: HANGARTNER, L. & VIELHAUS, B. (ed.). *Segnen und gesegnet werden*. Düsseldorf, 2006.

[5] Cf. WENDLER, B.D. *Vom Glück des Gehens* – Ein Weg zur Lebenskunst. Munique, 2010.

[6] THOREAU, H.D. *Vom Spazieren*. Zurique: Essay, 2004, p. 6,87.

Prof. Sabine Bobert

Como a oração pode transformar o mundo?

Eu vejo três maneiras de alterar o mundo com a oração, na verdade são três etapas, que eu descreveria conforme segue:

1) *Autotransformação concentrada*: Mudamos a nós mesmos através de formas concentradas de oração, tais como a prece de Jesus. Transformamos nossas estruturas mentais a curto, médio e longo prazos. Estes são apenas alguns dos resultados obtidos em pesquisas sobre meditação.

2) *Liderança inspiradora, visões compartilhadas*: Nesta segunda etapa, ficamos tão concentrados em Deus e abertos para Ele, que Ele nos inspira. Assim, nós mesmos inspiramos outras pessoas e compartilhamos visões divinas com a sociedade.

3) *Transformação direta do mundo*: Esta é a etapa máxima do desenvolvimento espiritual. A pessoa se torna um canal de acesso à presença divina. Através dela, Deus atua diretamente sobre a chamada *matéria*. O Espírito de Deus fica presente na pessoa a ponto de poder modificar a matéria. Nessa altura, as pessoas se tornam conhecidas como grandes curadores e operadores de milagres. Chega-se, aí, a um estado perceptível de santidade. Essas pessoas são nitidamente santas.

1 Autotransformação concentrada

Quando alguém reza, seu espírito e alma usam o corpo como base de ação. Este aspecto físico da oração (que, portanto, é capaz de transformar o corpo) é um tema examinado com muita prioridade e cuidado no campo da visão laica. Um dos mais importantes pioneiros nesta área foi o cardiologista e especialista em processos psicossomáticos norte-americano, Prof.-Dr. Herbert Benson. Na ocasião, a prática da meditação transcendental de Maharishi Mahesh Yogi (1915-2008) estava muito em voga e prometia transformações físicas. Benson ficou muito curioso a respeito e concentrou-se nos mantras da meditação baseada em imagens. Benson não limitou suas pesquisas e posteriores metanálises a uma determinada forma de repetição mântrica; ele observou as diversas variantes das religiões do mundo, bem como formas ateísticas de meditação mântrica.

Observando as variantes cristãs, Benson pesquisou as fórmulas:

"Pai nosso que estás no céu";

"O Senhor é meu pastor";

"Ave Maria, cheia de graça";

"Senhor Jesus Cristo, tem piedade de mim".

Em seu livro *Heilung durch Glauben* [Medicina espiritual – O poder essencial da cura] (1997), Benson define o principal efeito das preces mântricas como *"relaxation response"* ("reação relaxante"), explicando-o nos termos: "Se você se concentra por um espaço de tempo, afastando serenamente qualquer pensamento perturbador que ocorra, seu espírito e corpo se tornam logo um hotel de cinco estrelas cujos funcionários se ocupam exclusivamente de sua recreação e boa saúde. [...] essa equipe de competentíssimos curadores de estresse e especialistas em *relax* entrará imediatamente em ação, desde que você não dê a mínima para seus pensamentos e preocupações cotidianas." A "reação relaxante" toma o lugar das costumeiras reações de luta ou fuga. E gera no corpo intensos processos de regeneração – e mesmo de cura total:

- o metabolismo se equilibra;
- a pressão se abaixa;
- a frequência cardíaca diminui e cessa a disritmia;
- a frequência respiratória se acalma;
- cessam as enxaquecas;
- o sono melhora nitidamente;
- reduzem-se as dores crônicas;
- estados de angústia e depressão desaparecem visivelmente;
- eleva-se a autoestima;
- os músculos relaxam.

Na mesma época, o psicólogo alemão Ulrich Ott, da Universidade de Giessen, também estudava processos psicossomáticos e os efeitos saudáveis da meditação sobre os mesmos. Diferentemente de Benson, Ott acrescentou métodos que possibilitavam a verificação de áreas específicas do cérebro.

Através deles, Ott comprovou o efeito curativo de todos os métodos de meditação observados em seu estudo. Os métodos *observados* a que refiro são métodos de oração e meditação, nos quais o praticante concentra toda sua atenção num determinado foco, seja uma prece ou o fluxo respiratório.

O instituto de pesquisas na época registrou que a meditação não resolvia apenas problemas de estresse, mas podia curar doenças psíquicas e até câncer. Se citamos essas constatações, é evidente que precisamos identificar devidamente cada método de meditação, para evitar conclusões precipitadas e generalizadas sobre todos eles.

Cura de estresse: "No campo da chamada metanálise, os estudos atuais comprovam, por exemplo, a eficácia do programa de 'autocontrole pela concentração' de Jon Kabat-Zinn na cura de diversos problemas (além de dores, câncer, depressão e fobias)"[2]. Métodos meditativos que desenvolvem a percepção também se classificam como significativos recursos terapêuticos para complicações psíquicas, tais como transtornos alimentares, vícios, déficits de atenção, depressão e síndrome de *borderline*.

Cura de doenças psíquicas: "A percepção e controle dos nossos processos psíquicos ajuda a reduzir a depressão. Reconhecer e suprimir os pensamentos negativos e a baixa autoestima evita aqueles sentimentos nocivos que nos arrastam, como um rodamoinho, até um estado de depressão total onde toda alegria de viver é sufocada"[3].

"Grande é a lista de doenças físicas e psíquicas curáveis por métodos de meditação. A grande maioria são doenças causadas por estresse. Para quem vive sob tenção, quem entra em pânico facilmente, quem tem taquicardias e suores frios em meio à rotina, será benéfico estudar métodos de *relax*, para acalmar seu sistema neurovegetativo. A meditação tem um efeito análogo ao da prática conhecida como *autogenes training* ou do relaxamento muscular progressivo. Se a gente se sentar e ficar observando o nosso tumulto interior a uma certa distância, perceberemos logo que a respiração se acalma e equilibra, alivia-se a tensão nos ombros e descontrai-se o franzimento da testa"[4].

2 Liderança inspiradora, visões compartilhadas

Quanto mais nos aprofundamos nas práticas da prece e da meditação, mais acesso temos aos nossos reservatórios espirituais de energia e força. Nesta segunda etapa do alcance ao poder de alterar o mundo, ficamos tão concentrados em Deus e abertos para Ele, que somos por Ele inspirados. E, por sua vez, quem chegou a esse estado também inspira os outros e compartilha visões divinas com a sociedade.

Neste sentido, vejamos algo sobre Roberto Assagioli, que descreveu detalhadamente os procedimentos da alma, inclusive tipos específicos de liderança espiritual.

Psicologia transpessoal (Roberto Assagioli)

Uma pessoa pode liderar outras espiritualmente, na medida em que se "autolidera" espiritualmente. Sob o ponto de vista da psicologia transpessoal, o acesso ao "eu verdadeiro" – ou seja, o "superconsciente" – tem, neste sentido, uma importante função. O psicanalista Roberto Assagioli (1888-1974), contemporâneo de Sigmund Freud, criticou seu desconhecimento dos processos espirituais e desenvolveu seu próprio método para alcançar as altas estruturas da alma, que desempenham uma importante função no desenvolvimento espiritual e, sobretudo, pessoal.

Assagioli descreve um "subconsciente superior" como o elemento de um "eu verdadeiro". O "subconsciente superior" agrega as mais altas aspirações do ser humano, os verdadeiros impulsos humanos, tais como atributos de qualidade artística, filosófica, científica e ética, uma fonte inesgotável de amor, criatividade, sabedoria, alegria, realização e sentido, liberdade, responsabilidade, solidariedade e participação[5].

Inteligência espiritual desenvolvida pela oração e meditação

Em seu livro *IQ? EQ? SQ! Spirituele Intelligenz – das unentdeckte Potenzial* [Inteligência espiritual – O potencial oculto], Danah Zohar e Ian Marshall descrevem diferentes formas de liderança, de acordo com a motivação espiritual. Estabeleceram uma lista de motivadores de liderança, classificando-os numa escala de -4 a +4:

-4 medo

-3 cobiça

-2 raiva

-1 autoafirmação

+1 curiosidade

+2 solidariedade e cooperação

+3 força interior

+4 liderança natural

-4, o medo: Aqueles que estão nesse nível são assustados e desconfiados, tendem a considerar as situações como ameaçadoras e as outras pessoas como inimigos. Vivem em constante vigilância, pois tudo que lhes parece arriscado. Reagem de modo às vezes agressivo, às vezes passivo. Tendem a evitar os outros.

-3, ganância e cobiça: Buda dizia que a ganância – ou cobiça – é a raiz de todo sofrimento. Por mais dinheiro e posses que obtenha, o ganancioso nunca fica satisfeito, *quanto mais tem, mais quer*. Pessoas assim sofrem com seu vazio interior, costumam se comparar com os outros e tendem à inveja, pois desejam coisas que os outros possuem.

-2, raiva: Pessoas tendentes à raiva se enfurecem à toa e frustram-se facilmente. São irritáveis, ficam logo "mordidos" quando sentem que algo está ameaçando seu amor próprio. Pessoas iradas e irritáveis raramente ajudam outras pessoas e tendem a responsabilizar os outros por falhas que, na verdade, são suas. Costumam reagir maldosamente e forjam ardis de desforra.

-1, autoafirmação agressiva: Para esses, a autoafirmação é a principal meta de tudo o que fazem. Comportam-se com ingratidão, são egocêntricos e gostam de medir forças com os outros. Quanto ao que as outras pessoas sentem, nem querem saber, e anseiam sofregamente por *status* e pela admiração dos outros.

+1, curiosidade: Os curiosos são maravilhados pelo milagre da vida e adotam uma postura aberta para aquilo que a vida oferece. Entram facilmente em contato com os outros e querem saber como as coisas são feitas. As inovações os fascinam e emocionam.

+2, solidariedade e cooperação: Esses são bons companheiros, gostam de ajudar, são, enfim, bons membros de equipe. São atenciosos e entendem os pontos de vista dos outros, mesmo que sejam diferentes dos seus. Representam o "cimento social" em equipes ou organizações.

+3, força interior: Esses se bastam a si mesmos e possuem alegria interior. São pessoas completas em si e em seus atos, inspiram plena confiança em todos e orientam-se por seus próprios valores.

+4, liderança natural: Aqueles que chegaram a este grau de desenvolvimento não só são firmemente alicerçados em seus próprios valores, como também abrangem valores interpessoais. Percebem a imagem geral e os detalhes que as pessoas em geral não notam. Poucos chegam a este nível. Influenciam os outros de um modo automático, uma capacidade desenvolvida, em geral, através de oração e meditação.

Orantes que mudaram o mundo

No campo do cristianismo, Martin Luther King é um exemplo. Na medida em que repetia sua ideia (*"I have a dream"*) francamente e sem autoritarismo, ele inspirava grandes multidões.

No hinduísmo, um exemplo do poder de formação da personalidade da prece mântrica foi Mahatma Gandhi.

Sua babá já lhe ensinava mantras ainda na primeira infância. Assim diz o próprio Gandhi:

> *Quando criança, eu tinha medo de assombrações e fantasmas. Minha babá Rambha me aconselhou a repetir o nome do deus Rama. Na verdade, eu confiava mais nela própria do que no seu conselho, então comecei a repetir o nome de Rama já naquela idade, para espantar meu medo. [...] Aquilo que a boa Rambha semeou em meu ser naquele tempo acabou por tornar-se um remédio infalível para toda a vida. O nome de Rama e outros mantras são a nossa firmeza na vitória sobre as paixões descontroladas. [...] O mantra funciona como uma fonte essencial de energia e nos protege nas horas de sofrimento. [...] O nome de Rama nos dá liberdade e firmeza, e nunca abandona ninguém nos momentos críticos.*

Gandhi fala de um período extremamente difícil:

> *Até então, eu ainda não tinha percebido suficientemente o maravilhoso poder do nome de Rama. Minha capacidade de suportar sofrimentos ainda era pouca. [...] Mas o nome de Rama foi o sol que, mais tarde, iluminou horas mais sombrias. Um cristão pode encontrar a mesma segurança repetindo o nome de Jesus, assim como um muçulmano, com o nome de Alá. [...] Numa situação de doença, o nome de Rama também é um remédio infalível. Deus tem*

muitos nomes. Cada um escolhe o nome que mais o sensibiliza. [...] O nome de Rama não vai recuperar milagrosamente algum órgão perdido, mas vai realizar o milagre ainda maior de nos dar uma alegria indescritível no final do nosso caminho, mesmo que não tenhamos tido êxito algum na vida. Sem dúvida, o nome de Rama é o socorro mais seguro. Se você o repete de coração, ele afasta pensamentos sombrios e, sem pensamentos sombrios, não fazemos coisas sombrias. [...] Eu posso afirmar sem reservas: na forma que eu o pronuncio, o nome de Rama não tem nada a ver com superstição e magia. [...] Quem clama o nome de Rama de coração fica cheio de uma força inigualável. Comparada com ela, a bomba atômica não é nada. Aí está o poder de eliminar todo sofrimento.

A confiança de Gandhi no nome de Rama era tal que ele o considerava o melhor remédio também para moléstias físicas. Ele o chamava de "a medicina dos pobres". Sua confiança era tanta que ele afirmou, seguramente, que não morreria de doença física e que, se tal ocorresse, podiam escrever na sua lápide a palavra "hipócrita". E, realmente, até o dia em que foi assassinado aos 78 anos, ele gozava de plena saúde.

3 O homem transpessoal como um canal para a salvação ou transformação direta do mundo

A meu ver, o terceiro modo e mais alto ponto de transformação do mundo pela oração é o caminho da transformação direta da matéria através do espírito. Neste ponto nos elevamos a um nível que tradicionalmente se chama de santidade. O psicólogo americano Abrahan Maslow pesquisou a respeito e descreveu as características desses por cujo desenvolvimento espiritual são chamados "santos". Maslow foi um importante pioneiro da psicologia transpessoal. Em 1969, fundou o *Journal of Transpersonal Psychology*, o primeiro órgão especializado numa forma de psicologia com uma visão mais ampla do ser humano.

Maslow não utilizava o termo "santo", chamava essas pessoas de "transpessoais". Investigou detalhadamente a estrutura da personalidade das pessoas altamente espiritualizadas e os chamou de "os transpessoais". Assim ele descreve suas características:

> *1) Experiências de "pico" e "platô", no sentido de consciência da unidade, são, para os transpessoais, o principal êxito e fonte de valor na vida.*
> *2) Os transpessoais veem sacralidade em todas as coisas e acontecimentos, sem ignorar os aspectos práticos da desmotivação (D-needs).*

*Os transpessoais atuam nitidamente no plano do ser (*B-realm*), são acessíveis especialmente para aspectos de experiência estéticos e holísticos.*
3) Os transpessoais gostam de ultrapassar os limites do ego. Visões e ideais transcendentais são metas fundamentais de sua vida. Transpessoais são frequentemente entendidos como portadores, transmissores ou instrumentos de uma inteligência, força ou essência superior.
4) Os transpessoais reconhecem e estimulam a potencialidade criativa em si mesmos e nos outros[8]*.*

4 Mudar o mundo pela oração: o místico Porfírio, monge do Monte Atos (1906-1991)

Para concluir, eu gostaria de citar o exemplo de transpessoalidade, na pessoa de um santo do século XX. Quando pensamos em "santos", geralmente nos vêm à cabeça aquelas imagens medievais e, naturalmente, tendemos a duvidar das suas histórias, algumas sobre curas, outras sobre milagres, coisas incompatíveis com a cética visão de mundo que temos hoje.

A coisa fica ainda mais difícil quando se fala de santos do século XX. Embora haja muitas testemunhas oculares de intervenções transformadoras no mundo da matéria, seus relatos permanecem, quando muito, no plano das lendas.

Um dos meus santos preferidos – além do monge Paisios do Monte Atos – é o monge grego ortodoxo Porfírio, também do Atos. Ambos viveram no século XX. Paisios faleceu antes, em 1994. Porfírio exagerou um pouco em sua ascese no Monte Atos, ficou doente, teve de deixar a península e passou a trabalhar como capelão hospitalar em Atenas.

Numa de suas cartas, reunidas em coletânea em um livro, Paisios escreve:

> *Eu fico admirado de ver como é possível vocês não entenderem a alta vocação de um monge! O monge não se retira do mundo porque odeia o mundo, mas justamente porque o ama e, retirado, ajuda-o mais com sua oração, em coisas que não são praticáveis por recursos comuns, só com a intervenção divina. Assim Deus salva o mundo. O monge nunca diz: "Eu vou salvar o mundo"; ele reza pela salvação do mundo e, por conseguinte, pela sua própria*[9].

Assim Porfírio referiu-se a si próprio:

> *Para mim, o importante é a oração. Não tenho medo do inferno e não penso no paraíso*[10].

Eis um relato sobre Porfírio:

> *Ele tinha o dom do Espírito Santo de penetrar com espantosa facilidade a alma humana e*

> *descobrir seus mistérios. Para nós, era algo sobrenatural, para ele era natural, era como se ele visse as coisas com o olho psíquico. [...] Ele tinha o dom de ver coisas a quilômetros de distância – lugares onde ele jamais estivera e sobre os quais nada havia lido. Ele podia ver a distância geográfica, a largura e a profundidade. Ele via até se o lugar tinha ou não lençóis d'água subterrâneos*[11].

Um de seus discípulos contou um caso: Geron Porphyrios estava longe do mosteiro e cansado. Apareceu logo um táxi. Seus três companheiros leigos disseram que precisavam acenar para que o carro parasse. Porfírio respondeu: "Não precisa, ele vai parar de qualquer modo". E lhes ordenou que ficassem calados durante o percurso, que ele seria o único a conversar com o motorista. Tudo isso aconteceu exatamente assim.

Assim que o carro se pôs em movimento, o taxista começou a criticar o clero e o acusou de mil coisas. Ninguém disse nada. Por fim, o motorista perguntou: "É verdade o que eu disse, paizinho?"

Porfírio respondeu: "Meu filho, vou te contar uma pequena história. Vou te contar uma vez só e você não vai tornar a ouvi-la. Era uma vez um homem de uma certa cidade que tinha um vizinho possuidor de uma grande propriedade. Certa noite, ele o matou e enterrou.

Aí ele arranjou documentos falsos para ficar com a propriedade do vizinho, em seguida a vendeu. E você sabe o que ele comprou com o dinheiro da venda? Um táxi".

Imediatamente, o taxista ficou tão assustado que encostou o táxi e exclamou: "Não diga nada, Papouli. Só o senhor e eu sabemos disso".

"Deus também sabe", tornou Porfírio. "Foi ele que me disse, para que eu dissesse a você. Trate de mudar sua vida a partir de agora"[12].

Notas

[1] BENSON, H. *Heilung durch Glauben*. Munique, 1997, p. 157 [Trad. bras.: *Medicina espiritual* – O poder essencial da cura. Rio de Janeiro: Campus, 1998].

[2] Ibid., p. 176-178.

[3] OTT, U. *Meditationsforschung* – Ausgewählte Befunde und Informationsquellen. In: *Deutsches Yoga-Forum*, 5, 2008, p. 9-13, p. 11.

[4] WILLIAMS & ZYLOWSKA, 2009.

[5] ASSAGIOLI, R. *Psychosynthese und transpersonale Entwicklung*. Paderborn, 1992.

[6] ZOHA, D. & MARSHALL, I. *IQ? EQ? SQ! Spirituele Intelligenz – das unentdeckte Potenzial*. Bielefeld, 2010 ♦ Cf. [HTTP://danah-zohar.com/www2/?page_id=152].

[7] MELLO, A. *Contact with God* – Retreat Conferences. Chicago, 1997, p. 95.

[8] QUEKELBERGHE, R. *Transpersonale Psychologie und Psychotherapie*. Eschborn, 2005, p. 345.

[9] ALTVATER PAISSIOS DER AGIORIT. *Briefe*. Sourotí de Tessalônica, 2008, p. 29.

[10] ALTVATER PORPHYRIOS VON KOVSOKALYVIA. *Leben und Lehre*. Creta, 2006, p. 208.

[11] IOANNIDIS, K. *Testimonies and experiences*. 2. ed. 2007, p. 117.

[12] Ibid., p. 173s.

Anselm Grün, OSB

O poder curador da prece

Antes de entrar no tema, eu gostaria de advertir quanto a dois perigos que podem ocorrer.

Primeiro: Muitos rezam a Jesus ou a Deus por sua cura, mas não fazem a sua parte. Recorrem a Jesus ou a Deus como a um mágico que lhes curará da doença ou dos sintomas num instante e sem dor. Continuam os mesmos e, na verdade, só querem mesmo é se livrar do incômodo dos sintomas. Recorrem a Deus para que tudo fique conforme está. Mas, na Bíblia, a cura sempre acontece no encontro com Jesus. Quando Jesus encontra o enfermo, este também encontra seu ser verdadeiro. No encontro com Jesus, ele é confrontado com sua própria realidade e, assim, pode se transformar. A cura sempre é acompanhada da transformação. A partir do encontro, sempre nos transformamos, não somos mais os mesmos, algo em nós muda.

Segundo: Hoje, muitas pesquisas nas áreas médica e psicológica provam que a oração tem poder de cura. Verificaram internos nos hospitais e concluíram que os que rezam regularmente curam-se mais rápido. Estatisticamente, também se pode constatar esse fato. Mas isso não quer dizer que podemos curar todas as doenças pela oração. Também não se sabe claramente o que realmente contribui para uma cura. Alguns dizem que aqueles que rezam se curam mais rápido porque geralmente pertencem a uma comunidade religiosa que os apoia. As pesquisas podem fortalecer em nós a confiança no poder de cura da prece, mas isso não quer dizer que devamos fazer dela um substituto para os medicamentos, ou considerá-la um recurso mágico de cura.

Na Bíblia, a cura dada por Jesus sempre ocorre no encontro com Ele. Para mim, a oração é mais que uma conversa com Deus, é o encontro com a essência. Lucas, o evangelista que mais fala da oração, usa o termo *proseuchestai*, isto é, uma oração sem palavras ou pensamentos, um *estado* de oração. O prefixo *pros* significa a presença de uma prece voltada a Deus, um momento de contato com Deus. Lucas retrata Jesus como aquele que coloca a oração em primeiro plano, acima de qualquer decisão ou êxito. Um exemplo disso é o seu batismo, quando o céu se abriu sobre Ele. Antes da escolha dos discípulos, Jesus rezou para discernir e escolher corretamente. Segundo Lucas, no evento da transfiguração, a face de Jesus se iluminou enquanto ele rezava. Lucas está falando de metamorfose, de transmutação. A oração pode nos transmutar, pode revelar em nós a imagem verdadeira que Deus nos deu. Jesus também rezou no Monte das Oliveiras. Lá, um anjo o fortaleceu e lhe deu coragem para enfrentar a *Via crucis*. E, na cruz, Ele rezou por seus carrascos. Morreu orando. Lucas imagina que Jesus rezou na cruz o salmo noturno dos judeus (Sl 31), enquanto os religiosos rezavam o mesmo texto no templo. Jesus acrescentou a palavra Abba, "Pai amado". Com esta palavra, sua morte transformou-se num *abandonar-se* nas mãos amorosas de Deus.

Em seu Evangelho, Lucas narra os mais belos casos de encontros, como o de Maria com Isabel, Jesus, Marta e Maria e, por fim, o maravilhoso evento dos discípulos em Emaús, que se encontraram com o Ressuscitado. O encontro sempre transforma. E a remissão só é possível quando encontramos Deus, onde encontramos Jesus, o Ressuscitado.

Eu descreveria o encontro com Deus na oração numa escala de três passos.

O primeiro passo é o encontro conosco mesmos. Se não encontro a mim mesmo, também não posso chegar a Deus. Se não sinto a mim mesmo, também não posso vivenciar Deus. Cipriano de Cartago diz: "Como podes querer que Deus te ouça se não escutas a ti mesmo? Queres que Deus se lembre de ti, sem que te lembres de ti mesmo". Só quem encontra a si mesmo pode encontrar Deus. Mas como podemos fazê-lo? Podemos tentar sentirmos a nós mesmos, perceber a nossa respiração e captar o que acontece no fundo do coração, para estar plenamente *no momento*. Outro modo é nos perguntarmos continuamente: Quem sou eu? O que é o meu ser verdadeiro, o único que pode encontrar Deus? Assim fazendo, descobrimos que, para encontrar nosso verdadeiro *eu*, temos de esquecer tudo o que representamos e fazemos na vida comum. É tudo o que posso falar sobre este ser original. Isso é, mais precisamente, uma *sensação* do mistério da nossa pessoa interior. Esta pessoa, com sua verdade interna, pode encontrar Deus.

O segundo passo é o encontro com Deus. Não é uma certeza imediata; temos de perguntar: Quem é esse Deus que estou encontrando? A ideia que temos de Deus baseia-se em conceitos que podemos compreender. Deus é o Criador, aquele que permeia o todo, aquele que encontro na natureza, mas também está em mim. Deus é o Senhor diante do qual me curvo. E também é aquele que me faz reerguer. Como diz Agostinho, Ele está em mim como se fosse eu mesmo. Procuro por Deus em toda parte e quase nunca o encontro. Mas Deus também é aquele que vive em mim e faz de mim a minha própria morada. Precisamos de imagens para conceber Deus e, ao mesmo tempo, precisamos nos desprender delas. O Deus a quem encontramos transcende qualquer imagem.

Hoje muitas pessoas têm dificuldade de imaginar um Deus pessoal; sentem-se mais à vontade com a visão impessoal de Deus que encontramos no budismo. Para nós cristãos, esta visão impessoal de Deus é, com certeza, um desafio. Mas devemos considerar: Deus é pessoal e metapessoal. Ele é o *Tu* com quem falamos e a quem encontramos. Mas há fases na nossa vida em que o *Tu* desaparece, quando sentimos Deus como o fundamento de toda existência ou o amor que nos permeia. E é verdade, assim é Deus, o que, porém, não descarta a veracidade de um Deus pessoal, no qual preferimos manter nossa meta, em vez de procurar um Deus intangível. Muito embora Deus seja, de fato, intangível, Ele também pode ser tangível, quer dizer, pode *tudo* (e ainda mais) porque não tem limites. Portanto, podemos, sim, encontrá-lo na forma de um *Tu* com quem podemos nos comunicar.

Um terapeuta me contou que alguns dos seus clientes têm êxtases de fusão com o Divino. Mas isso tem a ver com uma tentativa de sobrepujar o relacionamento humano. Em vez de procurar melhorar sua capacidade de relacionamento, eles se refugiam na sensação mística da fusão. Isso não ajuda muito, pelo contrário, resulta num complexo de superioridade, uma atitude de observar os outros do alto de uma "torre de marfim" – *pobres coitados, eles ainda precisam de relacionamentos...* – achando que eles próprios já superaram esse nível e, portanto, não precisam de ninguém. Só que, mais cedo ou mais tarde, eles caem na real e, de um modo nada agradável, percebem que sua "fusão com o Divino" era um modo de escamotear suas próprias necessidades.

Na prática do atendimento espiritual, tenho percebido cada vez mais que a autoimagem de uma pessoa corresponde à sua imagem de Deus. Quem rejeita a imagem *pessoal* de Deus, sempre tem problemas com sua própria condição de *pessoa*. Com certeza, eu mesmo tenho esses momentos em que a dimensão pessoal de Deus se dilui, ou desaparece por completo. É perfeitamente correto captar Deus em essência, como o fundamento de tudo que existe na natureza, ou senti-lo no fundo do coração como um elemento inescrutável, inconcebível. Mas, mesmo nesses momentos *impessoais*, devemos manter sempre vivo em nós o anseio por aquele *Tu* pessoal, com quem podemos nos comunicar, que nos vê, com quem nos encontramos, para encontrarmos plenamente a nós mesmos.

O *terceiro passo* é o diálogo com Deus. Digo a Ele tudo que se passa comigo, falo de meus sentimentos, experiências, preocupações e medos. Há várias maneiras de fazer isso. Podemos nos expressar em voz baixa, ou simplesmente deixar que os pensamentos e sentimentos venham à tona. Quer dizer, nós *tiramos a máscara*, nos expomos a Deus. Mas há um outro método, que nos enche de paz, que pode nos levar ao fundo da nossa alma. Esse método é justamente a prece de Jesus, que nos leva ao profundo espaço interior da misericórdia e do amor.

Mas, embora úteis, os métodos não são necessários. Basta a gente se expor diante de Deus e deixar vir à tona o que vier. E o que vem nem sempre é bom, também emergem coisas como medo, tristeza, raiva, amargura, ciúme, inveja, cólera e desespero. Antigas enfermidades, ofensas sofridas e mágoas vêm à tona. Antigos sentimentos de culpa também voltam. Na prece a gente libera tudo isso e entrega a Deus. Essa entrega é o sinal de que percebemos e contatamos nossos sentimentos. Só quando sentimos e entregamos a Deus os nossos sentimentos, emoções, mágoas e enfermidades é que podemos untar e curar nossas feridas com o bálsamo do amor e do Espírito de Deus.

Santa Teresa de Liseux descobriu e adotou o caminho de encarar de frente a si mesma, o que a libertou de suas tendências narcisistas. O psicólogo suíço Gregorie Joterand escreveu um livro a seu respeito: *Mystik als Heilweg* – Von narzisstischer Grandiosität zur Demut am Beispiel des "Kleines Weges" der sainte Thérèse de Liseux (*A Mística como meio de cura* – A passagem da arrogância narcisista para a humildade, segundo o exemplo do "Pequeno caminho" de Santa Teresa de Liseux). Ele conta que o narcisismo se desenvolveu nela desde a infância. Sua mãe era doente e a entregou aos cuidados de uma babá. Sua mãe morreu quando ela estava com quatro anos e ela reagiu ao sentimento de perda com ideias de poder: "A pequena rainha é competente na arte da manha e sabe manipular os outros quando quer" (Jotterand, 39). A sensação de poder é uma reação ao narcisismo, mas não uma cura. No convento, Teresa, no princípio, desenvolveu um método espiritual para lidar com os traumas que a levaram ao narcisismo, mas de um modo que não precisasse encarar de frente a sua própria realidade. Conheceu a imagem do "elevador divino", que sobe levando os pequeninos à união com Deus. Ficou fascinada, mas deduziu que poderia voltar à infância e nela permanecer para sempre, sem precisar crescer. Passou a observar a si mesma como uma criança, a menor de todas, achando que, assim, Jesus teria mais facilidade de "puxá-la para cima". Mais tarde, porém, Teresa descobriu um caminho espiritual que realmente poderia saná-la. Imaginou o amor de Deus como uma espécie de água curativa, porque a água penetra em tudo e sempre atinge as regiões mais profundas. Assim ela viu de frente o que ocorria "lá dentro" e entregou a Deus sua incapacidade de corresponder às expectativas das irmãs de convento, sua suscetibilidade, suas manias e aversões. Assim, o amor de Deus jorrou como água no fundo de sua alma, curando suas fraquezas. Na medida em que se conscientizava das suas fraquezas, Teresa libertava-se do ego. Tomando consciência de suas chagas e entregando-as a Deus, Teresa libertou-se dos sentimentos negativos comuns entre os narcisistas.

Eu gostaria de recomendar dois exercícios para alcançar esta meta.

Para começar, procure conversar com Deus em voz alta por uma meia hora. Diga a Ele o que mais lhe afeta, o que o preocupa, como você se sente. Na medida em que ouve sua própria voz, você começa a notar que sua conversa é padronizada, que você não está sendo espontâneo. Aí você se dá conta: "Ah, não! Nada disso tem a ver comigo! Estou sendo superficial! O que realmente me afeta? Quem sou eu, de fato? O que tenho de verdadeiro para transmitir a Deus? Que pensamentos me ocorrem quando me dirijo a Ele? O que realmente interessa e devo dizer a Ele?" Falando em voz alta, você é forçado a ser franco, porque não aguenta mais aquela conversa fiada que só serve pra você se esconder de si mesmo. Então você passa a falar abertamente com Deus, para que seu Espírito sagrado e salvador se derrame sobre você, curando suas feridas e devolvendo a vida ao que está paralisado em você.

A outra prática é o que chamamos de "exercício do porteiro", proposto por Evágrio Pôntico. Evágrio refere-se, numa carta, à parábola de Jesus sobre o homem que foi viajar (Mc 13,33-37) e deixou a casa aos cuidados de seus servidores: "Ordenou ao porteiro que mantivesse vigilância" (Mc 13,34). Assim ele escreve a outro monge, seu amigo:

> *Todos nós devemos ser bons porteiros, devemos perguntar aos pensamentos que batem à porta da nossa casa interna se eles são nossos conhecidos, se são estranhos ou se vêm para nos prejudicar.*

Isso pode ser feito assim: Sente-se por meia hora em seu quarto, sem rezar, sem meditar, sem ler nem refletir. Aí começam a vir os pensamentos. E você pergunta a cada um: "O que você tem pra mim? O que se esconde por trás de você? Quer me alertar de alguma coisa? Ou será que você é um posseiro requerendo usucapião?" A entrada de certos pensamentos, que insistem em entrar e ficar na casa que não lhes pertence, não deve ser permitida. Há outros que são bem-vindos e têm coisas importantes a nos dizer. Talvez você já tenha ouvido falar de uma referência de C.G. Jung sobre o "exercício do porteiro":

> *A depressão é uma dama vestida de preto. Se ela bater à sua porta, deixe-a entrar. Sente-se à mesa com ela e converse com ela. Ela tem coisas importantes a lhe dizer.*

O *quarto passo* do encontro com Deus é o silêncio. O silêncio diante de Deus, com Deus e em Deus tem diversos aspectos.

A princípio, o silêncio é um ato de ouvir Deus. Se *só* nós falamos e Deus *só* escuta, estamos usando Deus como um "esgoto" no qual jogamos o que não presta. É preciso dar a Deus a sua vez de falar. Naturalmente, Deus não se expressa com palavras, mas, depois de lhe termos dito tudo o que há em nós, está na hora de silenciar e escutar o que Ele tem a nos dizer. Como isso ocorre? Quando calamos e aquietamos a mente, começam a emergir pensamentos. Para os monges, são pensamentos que geram alegria, amor, estímulo e liberdade, pensamentos que vêm de Deus. É através deles que Deus nos fala. Já aqueles pensamentos que causam medo e opressão vêm do superego, o "juiz interior". E aqueles que nos confundem e atrapalham vêm do próprio ego.

O segundo aspecto do silêncio é assim: eu me coloco diante de Deus, olho para Ele e Ele me olha. Assim, o amor de Deus nos penetra a alma e sua abençoada presença nos envolve. É um silêncio pessoal, a gente fica diante de Deus para Ele nos ver. Simplesmente ficamos na sua presença, basta isso. Às vezes também temos uma experiência semelhante quando encontramos outras pessoas, quando, por exemplo, sentimos que um diálogo nos associa, mas há ocasiões em que esse diálogo se dá no silêncio. E o silêncio nos liga ainda mais. Se fôssemos continuar falando, só poderíamos ficar repetindo a constatação da unidade que sentimos automaticamente.

Naturalmente, às vezes temos a sensação de que estamos diante de uma parede muda, mas, no silêncio, entramos em contato com o anseio que temos de sentir Deus, de perceber a presença de Deus. Nem sempre o sentimos junto a nós, mas sempre sentimos o anseio dentro de nós, e, no próprio anseio, já temos Deus ao nosso lado e em nós.

O terceiro aspecto do silêncio é a unidade com Deus no fundo da alma. A prece não se limita a expressar as coisas que nos ocorrem, ela também é o caminho para

o nosso espaço interior do silêncio. Evágrio Pôntico o chama de "o lugar de Deus" ou "campo da paz". É o lugar da alma, o silêncio no fundo da alma, a morada de Deus dentro de nós. No Evangelho de Lucas, Jesus diz:
> *O Reino de Deus está em vós.*
> Lc 17,21.

Hoje muitos exegetas traduzem este versículo como "O Reino de Deus está no meio de vós". A meu ver, Martinho Lutero o traduziu muito melhor: "O Reino de Deus está dentro de vós". O Reino de Deus está em nosso interior, e lá, nesse lugar dentro de nós onde Deus está no comando, podemos ter cinco sentimentos diferentes, mas sempre são experiências de bênção. Não só as doenças e seus sintomas desaparecem, como também percebemos em nós a existência desse espaço sagrado mesmo em momentos de aflição.

1) Lá somos livres dos desejos, cobranças e expectativas dos outros, lá não nos preocupamos com o que as pessoas acham de nós. Certas pessoas gastam doses cavalares de energia imaginando o que os outros pensam delas.

2) Lá somos sãos e completos. Palavras agressivas só mexem conosco no plano emocional, mas, lá nesse espaço interior, elas nem entram. Nem mesmo as piores mágoas da nossa vida têm poder lá, nem

tampouco as doenças e reações neuróticas. Lá nos sentimos saudáveis e plenos, lá está o nosso *eu* verdadeiro, ao qual nada pode atingir.

3) Nesse espaço interno somos originais e autênticos. Lá contatamos a imagem original e única que Deus deu a cada um de nós. Dissolvem-se tanto as imagens que outros formaram de mim quanto as imagens de minha própria baixa ou alta autoestima, dando lugar à imagem original, a verdadeira, a divina. O psiquiatra suíço Daniel Hell diz que as depressões muitas vezes são gritos de socorro da alma, face às imagens "excelentes" que idealizamos para nós mesmos, tipo: "Eu tenho de ser sempre perfeito, vitorioso, simpático, tenho de ter tudo sob controle." Quando entramos em contato com nossa imagem original e divina, a situação muda por completo. Não temos como explicar, não sabemos dizer *como é*. Só temos a sensação viva de que está tudo em ordem, de que estamos em sintonia com nosso verdadeiro ser. Quando encontramos nosso ser original, não *estamos* mais em nada, simplesmente *somos* em tudo. Livramo-nos da "necessidade" opressiva de demonstrar capacidades e talentos. Somos simplesmente nós mesmos. Percebemos o que é, de fato, o ser verdadeiro: o verdadeiro *ser* substantivo é

o próprio *ser* verbo, assim como Deus simplesmente *é*. É uma experiência profundamente espiritual e, ao mesmo tempo, libertadora, porque nos livra de toda pressão e exigência que impomos a nós próprios.

4) No "lugar" dentro de nós, onde "fica" o Reino de Deus, somos puros; lá não entra sentimento de culpa porque o "lugar" é imune à culpa. Para mim, esta imagem é uma terapia essencial; constato isso principalmente em pacientes com crise de *borderline*. Eles costumam ter uma sensação assim: "Quanto mais me observo por dentro, o que eu vejo fica cada vez mais obscuro, caótico e ruim". Sentem-se ruins e culpados e, portanto, impelidos a fugir de si mesmos, não suportam mais sua própria pessoa, que nada de bom parece ter. *Negar* a culpa não tem nada a ver. O que tem a ver é deixar para trás tudo de ruim que fizemos ou nos foi feito e ir para o *espaço interno do silêncio*, onde somos totalmente puros, onde não há culpa, porque ela não entra lá. Isto é perfeitamente possível, não importa o tamanho e a quantidade das nossas culpas.

5) Lá, nesse "lugar" dentro de mim no qual habita o mistério de Deus, estou em casa, comigo mesmo e com Deus. A língua alemã associa as palavras "*Heim*" ("lar", "casa"), "*Heimat*" ("terra natal" e, por

extensão, "origem") e *"Geheimnis"* ("mistério" ou "segredo" e, por extensão, "intimidade" ou "essência"). Só é possível estar *daheim* (em casa) onde o *Geheimnis* (mistério) também "reside".

Até aqui só falei de oração particular, do encontro particular com Deus na prece. O efeito salvador deste tipo de oração consiste no fato de podermos nos entregar totalmente a Deus e constatar que seu amor e seu Espírito sagrado e salvador penetra todas as nossas mágoas e doenças físicas e espirituais e cura tudo. O efeito curador da prece particular se realiza quando ultrapassamos os obstáculos da nossa doença e nossos hábitos nocivos e chegamos ao fundo da nossa alma, onde somos automaticamente sãos e completos. Assim, a doença e os hábitos neuróticos perdem a força, que antes parecia avassaladora. Perdem o poder, mesmo que não desapareçam por completo.

Outra maneira de praticar a prece libertadora é rezar pelos outros. Podemos estar certos de que a prece em prol dos outros funciona. Mas, em primeiro lugar, ela opera um efeito psicológico em nós mesmos. Quando rezamos por alguém, a quem não podemos ajudar com palavras, ficamos esperançosos pela pessoa em questão. Às vezes, quando estou rezando, me ocorrem pensamentos que eu poderia transmitir ao outro, por escrito ou verbalmente, e lhe fariam bem. A prece transforma minha impressão dos outros e renova meu relacionamento com eles.

Mas esses efeitos psicológicos não são o fim da linha, podemos crer que a oração que fazemos *realmente* faz bem às pessoas. Na verdade, não somos *nós* que ajudamos pela prece; o que fazemos é entregar o problema a Deus, para que Deus opere na pessoa. O sentido intrínseco de toda oração é "seja feita a tua vontade!" Quando rezamos por alguém, não somos nós que realizamos a bênção. É totalmente contraindicado responsabilizar os outros quando as nossas preces – ou as suas próprias – por eles não surtem resultado. Frases como "Você não fica bom porque não crê o bastante" ou "Você não rezou o bastante e não tem muita fé na oração" são expressões de censura e só servem para piorar ainda mais a situação.

Eu gostaria de concluir estas reflexões citando duas parábolas do Evangelho de Lucas, nas quais o significado da oração é demonstrado com duas belíssimas imagens. A primeira é a parábola da viúva e do juiz ateu (Lc 18,1-8), que fala de uma viúva desprovida de qualquer apoio, alguém que não tem como se defender. Ela estava sob a ameaça de um inimigo, mas não cedeu. Foi procurar aquele que, por obrigação, poderia ajudá-la, ou seja, o juiz da cidade. Mas, com aquele juiz, a pobre viúva não tinha a menor chance, porque o sujeito não temia a Deus e não respeitava ninguém. Mesmo assim, ela não deu sossego ao homem, não parava de insistir. Lucas conta como o juiz refletiu a respeito e concluiu: "Eu não acredito em Deus algum nem quero saber de ninguém, mas vou ter de atender a essa viúva, antes que ela me deixe louco" (Lc 18,4s.). Ele tinha medo de ficar louco.

Jesus disse, então: "Ouvi o que diz este juiz perverso. E Deus não fará justiça aos seus eleitos, que clamam por Ele dia e noite, mesmo quando os fizer esperar?" Mas cuidado para não achar que a oração é só um recurso para obter de Deus soluções para os problemas. Ela é muito mais que isso, é um caminho para o nosso espaço interno do silêncio. Lá temos direito à vida. Lá ninguém nos pode ameaçar. Lá temos justiça. A parábola também pode ser entendida em termos simbólicos. Neste caso, a mulher representa a alma, que, por sua vez, representa a visão da nossa dignidade divina, da confiança de Deus em nós, da inspiração espiritual que recebemos de Deus. O *inimigo ameaçador* representa os hábitos neuróticos, que nos impedem de realizar os desejos de nossa alma. E o juiz representa o superego, que nos desestimula o tempo todo, que não adianta sonhar, que a vida é *assim mesmo*, difícil, dura, sem graça, e que temos de nos conformar com isso. Mas Jesus, nesta parábola, defendeu a alma: *Não permitas que te retirem teus sonhos! Tua vida vale a pena! Pensa no que gostarias de realizar em tua vida, naquilo a que Deus te destinou.*

Logo em seguida, Lucas complementa a *parábola da viúva* com a do *fariseu e o publicano*. Refere-se ao aspecto sombrio da oração, ao perigo de querermos subjugar os outros por meio dela. Na parábola do fariseu e do publicano, Lucas mostra o oposto dessa tendência narcisista e unilateral (Lc 18,9-14).

Lucas apresenta dois tipos de oração: a do fariseu egocêntrico e a do publicano humilde. A diferença é nítida. A prece do fariseu é longa, a do publicano é rápida. Por outro lado, a preparação do fariseu é curta. Ele simplesmente se levanta e começa a rezar. Já o publicano se curva, não se atreve a erguer-se e bate no peito. Sua prece se manifesta fisicamente. O fariseu, quando reza, só tem em mente a si mesmo. Ele *usa* Deus para levar vantagem. Na verdade, ele não se comunica com Deus, mas com seu próprio egocentrismo. Em grego, isto é dito literalmente: "Ele reza a si mesmo". O que ele diz, de fato, é: "Deus, agradeço-te porque não sou como os outros" (Lc 18,11).

Só que o "Deus" com quem ele *pensa* que está falando não é Deus; ele fala é com seu próprio ego. Ele não olha para Deus, mas para si mesmo. Muitos "religiosos" pensam que rezam para Deus, mas não arredam pé do ego. Rezam a si mesmos e por si mesmos, abusam da oração no intuito de obter destaque entre os outros, para levar vantagem perante Deus e o mundo. Por sua vez, o publicano percebe a distância entre ele e Deus, diante do qual reconhece quem ele realmente é. Ele bate no peito e diz: "Deus, sê misericordioso comigo, que sou pecador!" (Lc 18,13)

Jesus explicou o sentido da parábola: Após terminar sua prece, o publicano vai para casa como um justo. Ele se expôs abertamente diante de Deus. Já o fariseu não fez mais do que *usar* Deus como um reflexo de si mesmo. A prece que realmente nos coloca diante de Deus e nos torna justos é aquela na qual nos expomos sem reservas. Em outras palavras: Só a prece na qual entregamos nossa realidade a Deus pode nos purificar e corrigir.

Para concluir, eu gostaria de sugerir dois exercícios. Aí vai uma breve explicação:

O primeiro exercício baseia-se nas palavras de Jesus: "Falai bem dos que vos maldizem e orai por quem vos calunia" (Lc 6,28). É assim que uma pessoa muda sua situação com relação a outra, ou seja, sai da condição de vítima. Hoje somos frequentemente alvos de *bullying*, ofensa e difamação. Mas não podemos ficar como vítimas. Verena Kast escreveu um famoso livro intitulado

Abschied von der Opferrole (Adeus ao papel de vítima). O oprimido acaba virando opressor, começamos a querer subjugar os outros. O antídoto contra isso é sair da condição de vítima, não ficar passivo, mas reagir ativamente ao ataque, transmitindo boas energias ao agressor, com a bênção de Deus e o nosso próprio bem-querer. Uma senhora a quem sugeri esse exercício não quis fazê-lo a princípio, mas depois percebeu o poder da bênção, que funciona como um escudo. Ela perdeu completamente o medo dos agressores, passou a lhes transmitir a bênção de Deus. Quando isso ocorre, os antigos inimigos passam a ser pessoas de quem gostamos, com quem estamos em paz e, assim, eles perdem o impulso de nos atacar.

Neste momento, proponho um exercício: fique de pé e eleve as mãos em posição de bênção. Pense em alguém que lhe tenha agredido recentemente, alguém cuja proximidade lhe incomode nas atuais circunstâncias. Então, deixe a bênção de Deus fluir, pelas suas mãos, até essa pessoa. Imagine que a bênção de Deus a envolve como um manto protetor e a impregna, cicatrizando seus ferimentos interiores, trazendo-lhe a paz consigo mesma. Fique algum tempo assim, transmitindo a bênção divina e seu próprio bem-querer a tal pessoa. Depois observe o seu interior: O que ocorre comigo agora, quando penso nessa pessoa? Sinto-me mais à vontade diante dela?

O *segundo exercício* baseia-se na imagem da "criança interior". A psicologia nos diz que todos temos dentro de nós uma criança ferida e outra divina. A criança ferida abre um berreiro quando se vê em situações que trazem à tona mágoas sofridas na infância. A criança divina nos põe em contato com nossa imagem inconfundível, original e divina.

Não somos só crianças feridas, somos também pessoas paternais e maternais. Neste sentido, nossa tarefa é abraçar a criança ferida que está em nós. O símbolo cristão para este abraço é a cruz. No Evangelho de João a cruz é uma expressão do amor que Jesus teve por nós até o fim. Jesus diz: "E quando eu for levantado da terra, atrairei todos a mim" (Jo 12,32). O gesto de cruzar as mãos é, portanto, um gesto de abraço.

Agora convido você a cruzar as mãos sobre o peito. Vamos atuar com as diversas formas de criança ferida que residem em nós. Tome esta criança nos braços e deixe que a criança divina a guie.

Assim como Cristo me abraçou na cruz,
eu abraço em mim
a criança abandonada,
a criança negligenciada,
a criança sobrecarregada,

a criança desamparada,
a criança desconsiderada,
a criança ridicularizada,
a criança problema,
a criança constrangida,
a criança desprezada,
a criança surrada,
a criança rejeitada.

Agora, a gente muda a "direção" da criança ferida para a divina. Ela nos leva ao espaço interno do silêncio, onde se encontra nossa imagem única e divina, onde somos livres, sãos e completos, originais e autênticos, puros e francos, onde estamos em casa. E, lá chegando, podemos proferir uma bênção da Igreja antiga:

Senhor, entra nesta casa,
Deixa teus santos anjos morarem aqui.
Eles podem nos guardar na paz.
E que tua sagrada bênção esteja sempre sobre nós,
em torno de nós e em nós.
Isto te pedimos por Cristo, nosso Senhor.
Amém.

Sebastian Painadath, SJ

Novas perspectivas para a oração

A oração é um fator básico para a humanidade. A prece realiza a nossa ligação com a transcendência, é nossa orientação para o "outro lado" da existência, nossa intimidade com o Divino. Por sua relação com o divino *Tu* que se expressa na prece, o ser humano chega ao verdadeiro *eu*. Esse encontro de si mesmo é a verdadeira libertação do isolamento existencial do qual muita gente tem medo hoje em dia. Portanto, a prece pode ser vista como um caminho para a cura total.

As maneiras de rezar variam de acordo com as necessidades psíquicas, fatores culturais e a religião de cada um. Ao que tudo indica, a atividade espiritual está evoluindo em três sentidos:

1) a busca da verdadeira experiência de Deus;
2) o crescimento da espiritualidade secular;
3) a irmanação espiritual das religiões.

Neste sentido, quais seriam as perspectivas futuras para a prática da oração?

O renascimento da mística

A espiritualidade é o cerne da religião e a mística é o grau mais profundo da espiritualidade. Uma religião sem mística é como uma árvore sem raízes. Em todos os contextos religiosos, a busca da verdadeira experiência de Deus não é outra coisa senão o anseio da mística. A mística abre caminho para três aspectos da experiência espiritual:

1) sensação do Divino (percepção do imperceptível);

2) desejo de unidade com o Divino;

3) vivência da onipresença divina no cosmo.

Neste sentido, desenvolvem-se novas formas de prece:

1) É nítida a presença do silêncio contemplativo como forma de prece, o silêncio perante o Divino insondável. Quem chegou a este nível já percebeu as limitações das palavras e imagens. No silêncio profundo, a oração falada se cala. Sente-se no coração uma presença intensa, absoluta, sem palavras, sem imagens.

2) Na oração aprofunda-se a consciência. A gente percebe a unidade do nosso próprio ser com o Ser divino. A consciência passa do relacionamento in-

terpessoal para a introspecção intrapessoal e, daí, para a fusão transpessoal.

3) Na oração a consciência se torna mais abrangente, desenvolve-se a percepção penetrante, capaz de ver o que está oculto, percebe-se a presença do Espírito de Deus em tudo. Percebe-se no cosmo uma teofania universal, toda a natureza é vista como um mundo sagrado.

Espiritualidade secular

Na verdade, não existe uma *linha divisória* entre o profano e o sagrado. A materialização do *Logos* indica a transparência da matéria diante do espírito. A sacralidade é uma dimensão espiritual e mais profunda da existência material. O mundo é um sacramento da presença divina. Esta visão tem seus efeitos na prática da oração:

1) Através da oração, percebe-se o espírito divino dentro da cultura profana. Ela abre a consciência para a percepção do poder divino de inspirar as atividades criativas do mundo comum, tais como a literatura, a arte em geral, a atuação política, econômica e científica. Ver Deus em tudo e tudo em Deus é a bênção da oração.

2) A oração abre caminho para a predominância do espírito. Quando impera a cultura mundana do ego – aquele que *quanto mais tem mais quer* – afloram as for-

ças destrutivas que trazem muito infortúnio ao mundo. Mas, quando se estabelece a cultura – também do mundo, mas não presa a ele – da busca das raízes do *eu* verdadeiro, aí desenvolve-se um novo ser que nos foi revelado no Cristo ressuscitado: por fim, Deus sempre vence. A oração nos dá a graça de perceber a ação constante e onipresente do Espírito de Deus.

3) A oração é um ato de amor. Mas, em essência, o amor não é uma emoção que vem de nossos sentimentos comuns, e sim um poder que vem do nosso *eu* verdadeiro. É uma energia cósmica que jorra da fonte divina. O amor vem de Deus, e quem ama nasceu de Deus e conhece a Deus. "Deus é amor, e quem permanece no amor permanece em Deus, e Deus nele" (1Jo 4,16). O amor é um poder divino que tudo abrange e transforma. Tudo que podemos fazer é abrir o coração para esta onda divina e deixar que ela nos impregne. Isso ocorre na prece. Assim, a prece atua como uma fonte de bênção acessível no plano da vida comum.

A irmanação das religiões na oração

No atual mundo globalizado, as religiões se aproximam e ocorre um intenso intercâmbio entre elas. A pluralidade religiosa está em toda parte, o que é, na verdade, um abençoado *sinal dos tempos*. O Espírito de

Deus derruba as muralhas religiosas e culturais que nós erguemos ao longo dos séculos. "Através do diálogo entre as religiões, trazemos a presença de Deus para junto de nós. Quando nos abrimos ao diálogo com os outros, estamos, na verdade, nos abrindo para Deus" (João Paulo II, Madras, 1986). Esta nova cultura do entendimento traz diversos aspectos benéficos à oração, tais como:

1) O respeito à diversidade religiosa e a percepção da unidade espiritual de todas as religiões – este pode ser o princípio básico do bom relacionamento entre pessoas de religiões diferentes. Respeitar a religião alheia significa respeitar a liberdade de cada um procurar Deus a seu modo, respeitar as inúmeras formas pelas quais Deus transforma a vida de cada um. E, com toda essa diversidade, percebe-se que, no fundo, a espiritualidade é a mesma e tudo converge para o mesmo ponto, porque o Espírito Divino, que atua no coração de todos, é o mesmo. Esta unidade mística dentro da diversidade religiosa é perceptível na oração.

2) Toda oração verdadeira vem do Espírito Santo. Todas as formas de autoentrega a Deus são abençoadas pelo Espírito Divino. O Espírito de Deus se manifesta em todos os corações, e as orações de cada religião articulam esta abertura do coração para o

Deus interior. Assim, as orações sinceras de todas as religiões fortificam as preces de todos nós. O êxtase diante do mistério de Deus, o anseio pelo amor de Deus, a sensação de acolhimento na relação *eu-e-tu* com Deus, o conforto nos maus momentos – e, sobretudo, o encontro de Deus nas pessoas e na natureza – são elementos básicos que as oraçõe de todas as religiões despertam em nós.

3) A irmanação inter-religiosa na oração é uma tarefa da nossa época. Quando rezamos ou meditamos com pessoas de outras religiões, sentimos uma profunda união espiritual entre todos nós, que ultrapassa todas as fronteiras culturais. No fundo místico da alma, todas as religiões se encontram. É esta a experiência que nos une a todos na mesma seara de Deus, como videiras de uma única plantação. As pessoas se aproximam. O entendimento de que todos nós caminhamos junto com nossas irmãs e irmãos de religiões diferentes formará a unidade espiritual de uma nova cultura de harmonia religiosa.

Sebastian Painadath, SJ

Conclusão

No dia de Pentecostes de 2013 ocorreu na Abadia de Münsterschwarzach uma reunião ecumênica com aproximadamente 160 participantes, na qual foi abordado o tema do poder da oração. Foi proposta a questão: Por que tanta gente tem dificuldade de rezar hoje em dia? Uma das causas é que muitas pessoas não suportam a si mesmas. Quem está mal consigo mesmo está fechado para a própria alma e, naturalmente, também para o *Divino*, a *alma universal*. Entretanto, uma fé intrínseca na proteção de Deus pode ajudar na aceitação de si mesmo. Aceitar a si mesmo como um ser já aceito por Deus – eis a bênção da oração. É uma garantia que recebemos através de Jesus. Não há base mais profunda e segura do que a raiz divina que nos dá vida.

A oração é um processo de libertação. Nela nos desprendemos do *eu pequeno* (ego) e passamos serenamente para o *eu* divino. Geralmente a oração começa com palavras, mas logo elas cessam e a consciência mergulha no silêncio da alma. Neste ponto não mais falamos, ouvimos; não mais rezamos, olhamos. Nos beatíficos momentos do silêncio percebemos que não rezamos mais, é o Espírito de Deus que reza em nós, o Espírito *suspira* em nós.

Dar vez ao Espírito que reza em nós e através de nós – eis a essência da oração. Por fim, a oração é também um processo de recebimento: o Deus a quem rezamos é, na verdade, o Deus que reza em nós. Deus não é simplesmente um *tu* ou *você* pessoal a quem rezamos com palavras. Muito mais que isso, Ele é o *Eu* verdadeiro para o qual despertamos no silêncio da alma. Assim podemos entender as palavras de Jesus: A verdadeira adoração acontece *em espírito e verdade*, isto é, na nossa abertura para o Espírito de Deus em nós e ao redor de nós.

Apêndice

OS AUTORES

Prof. Dr. Sabine Bobert leciona na Faculdade de Teologia Prática da Universidade Evangélica de Kiel. Um foco de seu trabalho é o conceito de treinamento iniciado por ele – "MTP-*Mental-Turning-Point*" – que introduz o interesse em antigas técnicas de meditação monásticas sob um ponto de vista totalmente novo.

Gerondissa Diodora nasceu na Alemanha com o nome Charlotte Stapenhorst e foi para a Grécia quando estudava arte. Lá ficou tão fascinada com a espiritualidade da Igreja Ortodoxa, em particular a prece do coração, que acabou se tornando freira e, mais tarde, abadessa em dois conventos ortodoxos.

Rainer Fincke é pastor evangélico em Lübeck e ministra cursos em diversos mosteiros e instituições de educação.

Anselm Grün é monge no Mosteiro Beneditino de Münsterschwarzach, onde exerce o cargo de celeireiro (gerente administrativo) há mais de 30 anos. Sua principal abordagem em cursos e palestras são as dificuldades e dúvidas do ser humano. Tornou-se consultor e orientador espiritual de muitas pessoas e é um dos mais lidos autores cristãos atuais.

Sebastian Painadath é jesuíta e dirige o *ashram* cristão Sameeksha. É muito procurado como ministrador de práticas espirituais e mestre de meditação. O aspecto mais básico do seu trabalho é a promoção do encontro das tradições ocidentais com as orientais. Mantém regularmente cursos e seminários de intercâmbio, não só em países de idioma alemão.

Ulla Peffermann-Fincke é ortoptista, naturopata, mestra de eneagrama e tem formação em terapia espiritual bíblica. É também ministradora de cursos em diversos mosteiros, reside e trabalha em Lübeck.

Fidelis Ruppert é monge e ex abade em Münsterschwarzach. Atua como ministrador de cursos, atendente espiritual e autor de livros. É fortemente ligado à tradição monástica beneditina e à espiritualidade dos antigos eremitas do deserto.

Agradecimentos

O simpósio ecumênico que realizamos naquele dia de Pentecostes incluiu muita gente e ocupou um espaço amplo. Convidamos oradores especialistas em *workshop*, oriundos de diversas tradições cristãs.

Um dos principais oradores foi o Padre **Sebastian Painadath**, jesuíta e diretor de um *ashram* cristão em Kerala, no sul da Índia. Ele apresentou uma visão holística da oração, abordando o tema sob um ponto de vista inter-religioso. Na reunião prévia, notou-se claramente o quanto ele valoriza os textos espirituais de todas as religiões. A ele agradecemos em especial por seu empenho prévio em prol do evento.

O Prof.-Dr. **Sabine Bobert** tem um senso de humor incomum, aliado a uma grande seriedade e uma vontade ativa de fazer da mística uma atitude acessível no dia a dia. Sua meta é mostrar às pessoas um caminho para vivenciar Deus, em vez de falar de Deus.

A experiência de vida de Dom **Fidelis Ruppert**, antigo abade de Münsterschwarzach, é, para nós, de um valor inestimável. Viajou muito, conheceu e ficou encantado com outras culturas, adquirindo, assim, uma visão e uma compreensão toda nova do cristianismo. Para ele é de extrema importância a redescoberta da atuação do corpo na prece. A prece não é exclusivamente espiritual – ou um exercício espiritual –, mas uma prática vivenciada de corpo e da alma, capaz de transformar e curar a ambos.

No rol dos oradores principais, tivemos também a Abadessa **Diadora** da Grécia – e aí deparamos com uma história bem peculiar. Biografias de pessoas que encontraram seu caminho de um modo incomum, nadando contra a corrente, sempre nos fascinam. Assim, no começo de 2012, procuramos numa livraria o livro *Meine Freindin, die Nonne* (Minha amiga freira) e ficamos maravilhados. A trajetória da alemã Charlotte Stapenhorst – sua conversão do protestantismo para a ortodoxia grega, seu ingresso no convento e, por fim, sua elevação a abadessa – é impressionante e deixa a gente sem fala.

No começo – que é sempre difícil, ela contou com a assistência da irmã Abadessa Dimitra, seu "braço direito". Quisemos conhecer as duas, então interrompemos nossas férias na França e voamos para Atenas. Foi um dia maravilhoso no convento, marcado pela hospitalidade, um intercâmbio de nível profissional, mas com diálogos naturais e espontâneos. Pudemos participar *in loco* da mística ortodoxa, caracterizada pela combinação harmônica da prece com a os afazeres diários. Ficamos muito felizes com sua promessa de ir a Münsterschwarzach.

Outro livro biográfico que nos fascinou na mesma ocasião foi *Das möge Gott verhüten – Warum ich keine Nonne mehr sein kann* (Deus me livre de não poder voltar a ser freira) de **Majella Lenzen**, que também nos conta uma história de perseverança e decisão e nos fala da prece como uma fonte básica de força para lidar com crises e dificuldades e amadurecer por meio delas.

Entramos em contato com a autora. Ela nos falou do tema com espontaneidade e entusiasmo, embora não tivesse sido fácil o caminho de retorno ao convento; nós percebemos seus receios e reservas. No ponto máximo da história, os constrangimentos desapareceram, sobretudo pelo interesse sincero e os sentimentos compartilhados na nossa conversa.

A música em seus diversos estilos é e foi, desde sempre, um meio especial de vivenciar Deus. Nos nossos cursos, costumamos ouvir a música da compositora e cantora teuto-inglesa Gila Antara. Nas letras de suas canções fica evidente como a criatividade pode funcionar como um caminho rumo a Deus. Ainda não a conhecíamos pessoalmente e marcamos um encontro para início deste ano em Hamburgo. Gila mora na Inglaterra, mas costuma se apresentar no norte da Alemanha. Sua apresentação e seu interesse pelo tema nos surpreendeu e agradou muito. Ela gosta de cantar nas igrejas, gosta do contato, mas, às vezes, se vê em dificuldades de ser admitida em paróquias tradicionalistas.

Tal como no primeiro simpósio, neste ocorreram muitos *Workshops*, os participantes puderam identificar suas respectivas formas de prece, de acordo com a personalidade de cada um, sua forma particular de vivenciar Deus, sua maneira pessoal de lidar com o dia a dia.

Além dos já citados oradores, contamos com a participação dos seguintes mestres e mestras espirituais:

Wolfgang Lenk, pastor evangélico e mestre de meditação;

Irmgard Lenk, *gestalt*-terapeuta;

Karin Gothe, terapeuta;

Meinrad Dufner, monge e artista plástico;

Richard-Maria Kuchenbuch, monge teólogo e administrador;

Julian Gliencke, monge e mestre de música;

Jakobus Geiger, monge e mestre de contemplação;
YaBeppo e **Gisela Gustavus**, cantores *gospel*.

Concluindo, agradecemos de coração, em nome da Abadia de Münsterschwarzach, a todos que participaram com sua colaboração dedicada e sincera, em especial a Dom Richard-Maria Kuchenbuch, que vive no mosteiro dirigido pelo Abade Michael, por sua grande abrangência mental e espiritual, pela participação dos oradores e *workshopers*, ao Pastor Frank Puckewald, representante da Igreja Luterana do Norte, e pela generosa hospitalidade e recepção na casa de hóspedes da abadia, pela equipe liderada pelo Irmão Jakobus Geiger.

MEU LIVRO DE ORAÇÕES

Anselm Grün

Autor reconhecido mundialmente por suas obras sobre espiritualidade e autoconhecimento, Anselm Grün traz nesta nova obra uma seleção de orações que são oriundas da tradição beneditina e outras que são próximas do espírito beneditino. O autor escreveu também orações inspiradas na experiência das instituições monásticas. Para os monges, oração significa: oferecer a Deus sua vida inteira, sua verdade mais íntima, para que o Espírito de Deus possa permear tudo em nós, e nos transformar.

Segundo Grün: "Na oração, ofereço a Deus os meus sentimentos, as minhas afeições, os meus medos, para que, através deles, eu possa sentir Deus como o fundo mais recôndito da minha alma e onde encontro tranquilidade. Bento significa: 'o abençoado'. Orar, para São Bento, significa também colocar tudo sob a bênção de Deus: a mim mesmo, as pessoas e a realidade deste mundo, para que possamos vivenciar que tudo pode vir a ser uma bênção para nós e que nós mesmos somos uma bênção para as pessoas. O objetivo de orar, pedir, louvar e abençoar é que Deus seja glorificado em tudo".

Anselm Grün *é autor reconhecido no mundo inteiro por seus inúmeros livros publicados em mais de 28 línguas, o monge beneditino, da Abadia de Münsterschwarzach (Alemanha), une a capacidade ímpar de falar de coisas profundas com simplicidade e expressar com palavras aquilo que as pessoas experimentam em seu coração. Procurado como palestrante e conselheiro na Alemanha e no estrangeiro, tornou-se ícone da espiritualidade e mestre do autoconhecimento em nossos dias. Tem dezenas de obras publicadas no Brasil.*

CULTURAL

Administração
Antropologia
Biografias
Comunicação
Dinâmicas e Jogos
Ecologia e Meio Ambiente
Educação e Pedagogia
Filosofia
História
Letras e Literatura
Obras de referência
Política
Psicologia
Saúde e Nutrição
Serviço Social e Trabalho
Sociologia

CATEQUÉTICO PASTORAL

Catequese
   Geral
   Crisma
   Primeira Eucaristia

Pastoral
   Geral
   Sacramental
   Familiar
   Social
   Ensino Religioso Escolar

TEOLÓGICO ESPIRITUAL

Biografias
Devocionários
Espiritualidade e Mística
Espiritualidade Mariana
Franciscanismo
Autoconhecimento
Liturgia
Obras de referência
Sagrada Escritura e Livros Apócrifos

Teologia
   Bíblica
   Histórica
   Prática
   Sistemática

REVISTAS

Concilium
Estudos Bíblicos
Grande Sinal
REB (Revista Eclesiástica Brasileira)
SEDOC (Serviço de Documentação)

VOZES NOBILIS

Uma linha editorial especial, com importantes autores, alto valor agregado e qualidade superior.

VOZES DE BOLSO

Obras clássicas de Ciências Humanas em formato de bolso.

PRODUTOS SAZONAIS

Folhinha do Sagrado Coração de Jesus
Calendário de mesa do Sagrado Coração de Jesus
Agenda do Sagrado Coração de Jesus
Almanaque Santo Antônio
Agendinha
Diário Vozes
Meditações para o dia a dia
Encontro diário com Deus
Guia Litúrgico

CADASTRE-SE
www.vozes.com.br

EDITORA VOZES LTDA.
Rua Frei Luís, 100 – Centro – Cep 25689-900 – Petrópolis, RJ
Tel.: (24) 2233-9000 – Fax: (24) 2231-4676 – E-mail: vendas@vozes.com.br

UNIDADES NO BRASIL: Belo Horizonte, MG – Brasília, DF – Campinas, SP – Cuiabá, MT
Curitiba, PR – Fortaleza, CE – Goiânia, GO – Juiz de Fora, MG
Manaus, AM – Petrópolis, RJ – Porto Alegre, RS – Recife, PE – Rio de Janeiro, RJ
Salvador, BA – São Paulo, SP